Ingolf Bender

Praktische Pferdehaltung

Pferde optimal versorgt –
in Auslauf, Stall und Weide

KOSMOS

▶ **Pferde kennen** 5
Die Grundlagen des Horsemanship 6

    Das Wilderbe verstehen 6
    Was Pferde alles können 8
    Verhalten 10
    Alles Chefsache? 12
    Haltungsansprüche 18
    Rassenvielfalt 20
    Augen auf beim Pferdekauf 22

▶ **Pferdegerechte Haltung** 29
Die praktischen Voraussetzungen 30

    Unterbringung 30
    Pferdetransport 32
    Haltungsformen 36
    Stallsysteme 46
    Fütterungs- und Tränkeinrichtungen 52
    Auslaufgestaltung 52
    Weideanlage 63
    Tore und Zäune 68

▶ **Pferd und Mensch im Arbeitsalltag**   73
Die Last und die Lust   74

Zeitaufwand   74
Pferde richtig füttern   75
Weidefütterung   80
Stall- und Auslauffütterung   84
Stall einstreuen   88
Weide bewirtschaften   95
Pferde pflegen   98

▶ **Pferde züchten**   105
Die eigene Zucht   106

Auswahl von Zuchtpferden   106
Fohlen aufziehen   107
Tierarzt und Hufschmied   112

Serviceteil   120
Auf einen Blick: Daten, Fakten, Maße   120
Kleines Lexikon   123
Nützliche Adressen   124
Zum Weiterlesen   125
Register   127

Pferde kennen

Reiten und Pferdehaltung sind »in« – und sogar preiswerter denn je. Viele Menschen widmen sich mit Liebe und Begeisterung ihren Pferden, allerdings nicht immer mit erforderlicher Sachkunde. Im Volksmund heißt es, dass der Glaube Berge versetzt und die Liebe Wunder vollbringt – aber wohl nur in außergewöhnlichen Fällen!

Unabhängig davon, ob Pferdeliebhaber eine Eigenhaltung praktizieren oder ihren Vierbeiner in Pension geben: Für jede pferdegerechte Haltungspraxis sind auf Dauer nicht so sehr schwärmende Emotion, sondern vertiefte Fachkenntnisse vordringlich. Nun ist mangelhafte Eigenhaltung oder auch unzulängliche Pensionshaltung selten böse Absicht. Meist beruhen Haltungsmängel einfach auf Unwissenheit oder Bequemlichkeit. Während für Reitfortbildung und modisches Equipment relativ viel Zeit und Geld eingesetzt wird, werden Haltungsaufwendungen eher auf »Sparflamme« begrenzt. Aber: Die pferdegerechte, überlegt-kenntnisreiche Haltung ist erste Grundlage für jede weitere – auf Dauer erfolgreiche – Beschäftigung mit Pferden. Sie ist Basis des verantwortungsbewussten Horsemanship.

Die Grundlagen des Horsemanship

6 ▶ Das Wilderbe
verstehen

8 ▶ Was Pferde
alles können

10 ▶ Verhalten

12 ▶ Alles Chef-
sache?

18 ▶ Haltungs-
ansprüche

20 ▶ Rassenvielfalt

22 ▶ Augen auf beim
Pferdekauf

▶ Das Wilderbe verstehen

Pferde gehören entsprechend biologischer Einteilung – ebenso wie Esel, Zebras und Halbesel – zur Gattung Equus (= Pferdeartige). Sie zählten schon in geschichtlicher Zeit zwar nicht zu den ersten, aber zu den wichtigsten Haustieren. Sowohl in Westeuropa als auch besonders in den südosteuropäischen und mittelasiatischen Steppengebieten gab es riesige Wildpferdbestände. Dort gediehen sie unter nacheiszeitlichen Bedingungen prächtig. Alle Hauspferde, egal welcher Rasse, ob verzwergtes Shetlandpony oder riesenwüchsiges Shirehorse, stammen von diesen Wildpferden ab. Die längst ausgestorbene wilde Stammart unserer heuti-

Verwilderte Pferde in der kargen Namib-Hochebene. Auf Grund pferdetypisch »wilder« Erbanlagen konnten sie sich auch an zeitweise extreme, natürliche Umweltverhältnisse anpassen

gen Hauspferde wurde von dem Forscher NOBIS Equus ferus genannt. Zwei Unterarten von Equus ferus, und zwar das Tarpan-Wildpferd (Equus ferus gmelini) und das Przewalski-Wildpferd (Equus ferus przewalski), sind die direkten Vorfahren unserer Hauspferde. Aber nur das Przewalski-Wildpferd ist uns bis heute durch Zoo-Nachzuchten erhalten geblieben. In Deutschland, Frankreich, Holland und den USA gibt es Reservate mit weitgehend wild lebenden Przewalski-Herden. Auch im Przewalski-Herkunftsgebiet, der Mongolei, sind in den vergangenen Jahren zwei sehr große Reservate mit insgesamt etwa 120 Pferden eingerichtet worden.

Reservatgehaltene Przewalski-Wildpferd-Gruppe

Typisch für ein Przewalski-Wildpferd sind: breitstirniger Kopf ohne Schopf, kurzer Hals mit zweifarbiger Stehmähne, deren Haare in der Fellwechselzeit – anders als bei Hauspferden – größtenteils ebenfalls wechseln

Wildpferdähnliche Pferde

Von den echten Wildpferden zu unterscheiden sind wildpferdähnliche Pferderassen oder halbwild lebende Pferde. Das sind keine echten Wildpferde, sondern sie zählen zu den Hauspferden. Es gehören zu diesen wildpferdähnlichen Pferden z. B. die westfälischen Dülmener, die amerikanischen Mustangs, die portugiesischen Sorraias und die afrikanischen Namib-Pferde. Besonders die im Südwesten Afrikas in einer wüstenähnlichen Hochebene wild lebenden Namib-Pferde sind ein Beispiel dafür, wie sich entlaufene Hauspferde innerhalb weniger Jahrzehnte natürlichen, sogar sehr extremen Umweltbedingungen mit karger Vegetation und zeitweiser Dürre anpassen können. Möglich ist eine Verwilderung von Hauspferden nur deshalb, weil jedes Pferd noch erhebliche Teile »wilder« Erbanlagen in sich trägt. Das Beispiel der Namib-Pferde verdeutlicht in extremer Ausprägung, dass

Jungpferde benötigen genügend Platz für muskelbildende Rangeleien, deren erste Phase meist durch Beißspiele eingeleitet wird

In der zweiten Phase steigen sowohl junge Hengste als auch Stuten, um den Kumpanen spielerisch zu attackieren

durch die stammesgeschichtliche Entwicklung (= Evolution) und die Haustierwerdung (= Domestikation) in unseren Pferden die wesentlichen überlebenswichtigen natürlichen Grundelemente als Wilderbe gefestigt wurden. Diese Grundelemente zum Überleben in natürlicher Umwelt sind nicht etwa ausschließlich »schlummernde« Fähigkeiten, sondern ihnen entsprechen gleichzeitig tagtägliche, arttypische Bedürfnisse nach Sonnenlicht, frischer Luft, freier Bewegung, gemächlicher, vielstündiger Futtersuche und einem Leben in der Artgenossengruppe. Fazit: Aus diesem Grund sind Pferdehalter gut beraten, alle »Wild«-Eigenschaften sowie die sich daraus ableitenden natürlichen Bedürfnisse und arteigenen Verhaltensmerkmale als grundlegenden Rahmen und Maßstab auch für jede »kultivierte« Haltung von Pferden anzuwenden.

▶ Was Pferde alles können

Von seiner Natur her ist das Pferd ein gewaltig spurtstarkes und erstaunlich ausdauerndes Fluchttier. Kurzzeitig können manche Pferde, z. B. Vollblutaraber, Vollblutgalopper, Achal-Tekkiner oder Quarter Horses, rund 70 km/h schnell galoppieren. Auch die Ausdauerleistungen sind beträchtlich. Nach entsprechender Konditionierung läuft jedes ausgewachsene, gesunde Pferd unter einem gewichtsmäßig passenden Reiter oder im leichten Gespannzug mit 12 km/h (= Trabgeschwindigkeit) rund 30 km in zweieinhalb Stunden. Das ist selbst für kleinere Ponys noch keine großartige Leistung, wenn sie pferdegerecht gehalten, leistungsentsprechend gefüttert, fachgerecht ausgebildet und über einige Wochen ausreichend trainiert werden. Anders verhält es sich z. B. mit 100-Meilen-Distanzritten oder hochklassigen Vielseitigkeitswettbewerben. Zu solchen extremen sportlichen Hochleistungen sind Pferde in der Natur nicht fähig. Es bedarf deshalb zur Erzielung solcher Leistungen – neben besonders aufwendigen Trainingsmaßnahmen – gerade auch der fachkundig-ausgewogenen Haltung auf natürlicher Grundlage, damit Pferde nicht zu Schaden kommen.

Das Pferd verfügt über alle körperlichen und geistigen Fähigkeiten, die es als Tier der Weite, als Herdentier sowie als pflanzenfressendes, hochspezialisiertes Lauf- und Fluchttier besitzen muss. Grundsätzlich hat jedes Lebewesen genügend Intelligenz, zentralnervöse Energien, Lernfähigkeit und Instinkte, um in seiner Umwelt zu existieren und sich zu vermehren.

Typisch sind für das Pferd sein sehr gutes, manchmal geradezu verblüffendes Gedächtnis; die schnelle Auffassungsgabe für Dinge seines Lebenskreises; die Fähigkeit, natürliche Ängste zu beherrschen und zu überwinden, wenn es Vertrauen zu Menschen gefasst hat; die Empfindsamkeit und das Gespür für ungerechte Behandlung, die es mit Widersetzlichkeit quittiert; der exzellente Orientierungssinn auch bei Dunkelheit; die Geselligkeit und grundsätzliche Friedfertigkeit; die Vorliebe für Abwechslung und Neugierde sowie die Fähigkeit, Menschen gut zu unterscheiden und sehr genau menschliche Verspannungen, Ängste oder aggressive Stimmungen zu erspüren.

In der dritten Phase der Rangelei findet oft ein Laufspiel mit Verfolgung des Unterlegenen statt

▶ Verhalten

Als Fluchttier hat das Pferd sensible Sinne. Blitzschnell übertragen Nerven alle von den Sinnesorganen kommenden Impulse in das Gehirn und andere Organe. Auch der Instinkt, der überlebenswichtige Verhaltensweisen beeinflusst oder vorbestimmt, ist wie ein Organ anzusehen. Ebenso wie alle körperlichen Organe (z. B. Lunge, Herz) zur Gesunderhaltung des Gesamtorganismus über die Ernährung versorgt werden müssen, um einwandfrei zu funktionieren, benötigt auch der Instinkt täglich »Nahrung«. Diese »Instinkt-Nahrung« besteht z. B. aus unterschiedlichen Umweltreizen, Artgenossenkontakten sowie ausreichender Bewegung an frischer Luft, damit ein Pferd gesund bleibt und sich selbstbestimmt »abreagieren« kann, nicht abstumpft und keine so genannten Untugenden als Ersatzhandlungen entwickelt. Praktische Folgerungen: Das Haltungsumfeld darf für kein Pferd aus einem beengten Stall mit miefiger Luft bestehen, sondern für alle Pferde – gerade auch für hochblütige Pferde – sind großzügige Haltungsanlagen und täglich mehrstündige freie Eigenbewegung Grundlage einer pferdegerechten Haltung.

Sinne und Gespür

Große Pferdeherden setzen sich aus abgrenzbaren Kleingruppen (z. B. Familiengruppen, Junghengstgruppen) zusammen

Pferde erfassen Umweltreize vorwiegend mit den Augen, den Ohren, der Nase, der Zunge sowie mit Haut und Tasthaaren. Nicht zu unterschätzen ist zusätzlich ihr sensibles »inneres Gespür«. Grob skizziert ergibt sich dieses innere Gespür aus der verhaltenssteuernden Vernetzung extrem minimaler Sinneseindrücke mit Gelerntem und allem instinktiv in ihrem Erbgedächtnis Verankerten. Wahrgenommen werden von Pferden z. B. Stimmungs-

schwankungen bei Artgenossen und Menschen, kleinste Veränderungen der gewohnten Umwelt, feinste Ausgasungen aus Baumaterialien oder minimale Veränderungen in der Futterzusammenstellung, Ultraschallwellen und vermutlich auch Elektrosmog. Für Menschen, die weder über so ausgeprägte Sinneswahrnehmungen noch über sensibles pferdespezifisches Gespür verfügen, ist es deshalb manchmal zunächst unverständlich und

schwierig nachzuvollziehen, warum Pferde in einigen Situationen anders als von uns erwartet reagieren. So kann es vorkommen, dass Pferde ihren Stall zunächst nicht betreten wollen, weil z. B. dort kleine bauliche Veränderungen vorgenommen wurden.

Wenn Pferde sich sicher fühlen, wird auch auf den sonst üblichen »Wachposten« verzichtet und alle legen sich gemeinsam zur »Siesta« hin

Sicherheitsbedürfnis

Die Sinne des Pferdes haben immer auch die Aufgabe, das überlebenswichtige Sicherheitsbedürfnis des Pferdes als Herdentier zu befriedigen. Dabei werden alle Reize, z. B. Gerüche, Geräusche und optische Eindrücke, als harmlos oder gefährlich eingeordnet: Im Zweifel dominiert immer die Zuordnung »gefährlich« – mit der Folge von Flucht und Abwehr. Andererseits verfügen Pferde über einen angeborenen Erkundungstrieb, weil sie vorsichtig sind, immer den Überblick behalten wollen, um sich in ihrer Umwelt zu orientieren. Begierig wird auch Unbekanntes getestet – nie im forschen Eiltempo, sondern allmählich: Schritt für Schritt, um angenehme oder unangenehme Wirkungen und Eigenschaften herauszufinden.

Konsequentes Boden-
training ist das »A
und O« jeder pferde-
gerechten Kommuni-
kation

▶ ## Alles Chefsache?

Voraussetzung für jede erfolgreiche Pferdehaltung ist – unabhängig von allen anderen
praktisch-handwerklichen Bedingungen – zunächst einmal die Fähigkeit des Betreuers zu
überlegter Kommunikation mit Pferden. Denn
nur dadurch ist tagtäglich eine weitgehend ent-
spannende und nicht nervenaufreibende oder
unfallträchtige Haltung möglich. Manche Pferdehaltung scheitert trotz anfänglicher Eupho-
rie nach einiger Zeit kläglich, weil die Kommunikation zwischen Pferd und Betreuer
nicht stimmt, sich laufend alte und neue Probleme chaotisch summieren: Pferde lassen sich wegen mangelhafter Kommunikation z. B. auf der Weide nicht einfangen, sind
argwöhnisch oder bleiben bei Kommandos stur, stürmen und steigen beim Führen, demolieren Stalleinrichtungen oder Transportanhänger, zerren unentwegt beim Anbinden, machen Probleme
beim Hufeheben oder schlagen und beißen gar im Stall nach
ihrem Betreuer, dem Schmied oder dem behandelnden Tierarzt.

Gute Diener, schlechte Herren

Pferde handeln vielfach aus Gewohnheit oder sehr stark nach
Nützlichkeitsgesichtspunkten, d. h., sie bewerten Vorgänge primär als angenehm oder als unangenehm. Eine Qualifizierung
»Ach, du böses Pferd«, wenn jemand meint, das Pferd habe ihn
zum Narren halten wollen, ist deshalb ungerecht. Eine so be-
gründete Bestrafung ist unzulässig.

Pferde können – wie alle Tiere – ihre Reaktionen nicht
irgendwie moralisch-ethisch bewerten. Gut oder böse, diese Be-
wertung ist nicht die Geisteswelt des Pferdes! Ob also Pferde eine
Seele besitzen oder gar ein Gewissen haben, wie von einigen sicher wohlmeinenden, metaphysisch orientierten Tierliebhabern
diskutiert, ist biologisch sowie für die pferdegerechte Kommunikation, also für den praktischen Umgang, unbedeutend. Man
kann das Pferd – so wie das Tierschutzgesetz es richtungweisend
formuliert – als »Mit-Geschöpf« ansehen, was dem traditionellen
religiösen Schöpfungsglauben entspricht. Sinnvoller, weil biologisch viel konsequenter ist es, wenn man sich selbst ohne Über-

schätzung ganz natürlich neben dem Pferd als eine Art »Mit-Tier« einordnet und dem Vierbeiner stets konsequent-eindeutig – vorher verständlich antrainiert – zu verstehen gibt, wo es lang geht. Das ist pferdegerecht. Denn die alte Bauernweisheit, wonach Pferde zwar gute Diener, aber schlechte Herren sind, kann jeder Praktiker bestätigen. Zu berücksichtigen ist dabei, dass Pferde natürlichen Respekt vor Menschen haben und im Zweifel fliehen – oder sich wehren. Zum Sklaven eignet sich das Pferd allerdings nicht, immerhin hat es als Diener, der gleichzeitig unser vierbeiniger Freizeitpartner ist, Anspruch auf den nötigen Respekt – verbunden mit allseits befriedigenden Haltungsverhältnissen.

Herdenmentalität und Körpersprache

Pferde leben unter natürlichen Bedingungen – prinzipiell ähnlich wie wir Menschen – in einer Gruppe mit Sozialstruktur. Die souveräne Leitstute oder zeitweise der von allen respektierte Herdenhengst sagen, »wo es lang geht«. Eine solche Struktur setzt voraus, dass sich alle Mitglieder miteinander verständigen können und durch klar erkennbare, erlernte oder ererbte Verhaltensregeln Konflikte in der Herde weitgehend abgemildert werden. Mit Sinnen wahrnehmbare physische Kommunikationsmittel sind in erster Linie die Körpersprache, Laute, Gerüche und Gesichtsausdrücke. Da das Pferd sich instinktiv gruppenbezogen verhält, kann es auch mit anderen Lebewesen begrenzt kommunizieren, wenn es Vertrauen fasst und sich sicher fühlt. Das Pferd ist im Hinblick auf begrenzte Gehirnleistung nicht in der Lage, die menschliche Lautsprache zu erlernen oder zu verstehen. Das hat die Natur nicht vorgesehen. Es ist aber lernfähig und kann sehr wohl bestimmte im Training verwendete Laute (Worte, Pfiffe, Schnalzen) mit Handlungen oder Situationen verbinden. Auch beim Menschen registriert das aufmerksame Pferd selbst kleinste Körperbewegungen, z. B. Handzeichen, Kopfnicken, Hochziehen einer Augenbraue und sogar Gesichtsausdrücke. Beim Reiten schließlich bewirken schon geringe, allerdings aufwendig antrainierte Körperhilfen hochkarätige Dressurdarbietungen.

Für jedes Pferd ist wenigstens ein Artgenosse als Sozialpartner psychisch lebensnotwendig, damit es seiner Natur entsprechend Sozialkontakte pflegen kann

Bei Rangeleien wird oft in den Halsbereich gebissen, während der Gebissene durch Drohschwingen des Kopfes Abwehrversuche unternimmt

Rangordnung

Bei Pferden sorgt die einmal »erkämpfte« Rangordnung innerhalb der Gruppe für relativ stabile, respektierte Umgangsregeln. Das Hauptkommando hat weitgehend die Leitstute, sie muss nicht täglich erneut ihre Vorrangstellung kämpfend durchsetzen, sie bleibt über sehr lange Zeit unangefochten im Rang anerkannt und gibt durch Körpersignale der Gruppe Kommandos. Die Gruppenmitglieder respektieren sie dabei ganz selbstverständlich. Gelegentliche Rangeleien unter den nachgeordneten Gruppenmitgliedern resultieren – nach einmal geklärter Rangordnung – durchweg aus Futterneid oder Spieltrieb.

Demgegenüber sind die »Rangverhältnisse« in zivilisierten menschlichen Gruppen in einer »Ellenbogenkultur« vielfach täglich aufs neue von Rangordnungsgeplänkeln mit Dominanz- und Vorherrschafts- oder unfairen Aufsteigerambitionen geprägt. Das wird manchmal noch begleitet von geschickter Intriganz und Mobbing. Ähnliches gilt interessanterweise auch für Primaten-

▶ Hilfsmittel zur Verständigung

Der ursächliche »Sprachfehler« liegt stets beim Menschen, weil entweder das Pferd überfordert wurde oder man sich nicht nachhaltig genug und konsequent pferdegerecht verständlich gemacht hat. Verständlich macht sich der Pferdehalter dem Pferd gegenüber durch situationsangepasste, dem Pferd durch Training verständlich gemachte Laute (z. B. Sprache, Schnalzen, Pfeifsignale), Körpersignale (z. B. Handbewegung, Zug an der Führkette, Touchierung des Pferdekörpers) sowie psychische Signale (Übertragung von Stimmungen).

gruppen, wie der führende Verhaltensbiologe SOMMER in seinem Werk »Lob der Lüge« dokumentiert. Im Umgang mit Pferden muss der Betreuer, soweit er grundsätzlich von den Pferden als Leitfigur anerkannt ist und Respekt genießt, allerdings keinesfalls täglich »Ellenbogenkultur« praktizieren. Er muss sich lediglich stets konsequent und verständlich-ruhig den Pferden mitteilen, ihnen eindeutig übermitteln, »wo es lang geht«. Ständiges Herumschreien im Stallbereich oder grobes Dirigieren von Pferden mit Peitschen beim täglichen Umgang führt zur Abstumpfung der Pferde und zeugt von Unbeherrschtheit und geringen Kenntnissen. Solche Umgangsformen sind ebenso wie reitstalltypische Dummschwätzerei, z. B. »Der Bock will heute nicht, ich werde ihm Beine machen!«, Ausdruck von menschlicher Unreife und mangelnder Fachkunde.

Auch befreundete Pferde suchen Abwechslung durch Beißspiele

Umgangsprinzip Lob und Strafe

Wer sein Pferd richtig halten und verstehen will sowie lernen möchte, sich ihm verständlich zu machen, sollte bereit sein, den Vierbeiner klar als andersartigen Partner zu erkennen – ihm eben die Chance zu geben, als Pferd verstanden zu werden, d.h. ohne abwegige Vermenschlichung wie z. B. Freizeitpferd als Kindersatz oder Pony als Kuschelkumpan; die Umwelt aus der Sinneswahrnehmung des Pferdes zu bewerten; das pferdegemäße Verhaltensrepertoire durch vielfältige Beobachtungen selbst kennenzulernen; zu verstehen, wie das Pferd menschliches Verhalten aufnimmt und umsetzt; jedes Pferd nicht einfach schematisch als Vertreter der Rasse XYZ, sondern als Individuum mit individuellen Charaktereigenschaften, Veranlagungen und Prägungen zu begreifen.

Für Umgang und Erziehung von Pferden gibt es eine Reihe von Variationen, die zum Ziel führen können. Aber das Grundprinzip von Lob und Strafe gilt für den Umgang mit allen Haustieren, ja prinzipiell auch in der menschlichen Erziehung. Gelernt wird durch Erfolg und Misserfolg. Angenehme Situationen werden bevorzugt, unangenehme vermieden. Mit einem Lob will man ein erwünschtes Verhalten fördern, man will das Verhalten verstärken. Deshalb nennt man ein Lob verhaltenskundlich auch »Verstärkung«. Strafe dagegen soll ein Verhalten unterbinden. Für die Verstärkung eines Verhaltens, also für ein Lob, aber auch für die Bestrafung, gibt es zwei Möglichkeiten, zum einen die positive und die negative Verstärkung, zum anderen die positive und negative Bestrafung. An folgenden Beispielen

Durch situationsangepasste »positive Verstärkung«, z. B. mit Leckerli, lernt ein Pferd angstfrei durch Erfolg und fühlt sich weitgehend sicher. Bei häufiger »positiver Bestrafung« dagegen, z. B. mit der Gerte, kann die aufkommende Angst des Pferdes das Lernen erschweren, es fühlt sich dann zunehmend unsicher

wird das deutlich: Man ruft ein Pferd mit dessen Namen und wenn es kommt, erhält es ein Leckerli = Lob als positive Verstärkung (etwas Angenehmes wird gegeben). Zum Anhalten beim Führen ruckt man mit der Führkette, was für das Pferd als Reiz auf dem Nasenrücken unangenehm ist. Wenn das Pferd sein Tempo wunschgemäß verlangsamt und anhält, wird nicht mehr geruckt = Lob als negative Verstärkung (etwas Unangenehmes wird genommen). Beachtenswert: Scheut z. B. ein Pferd beim Führen, Reiten oder Fahren vor einer Papiertüte am Wegesrand und bleibt stehen, soll-

Führkette und lange Dressurgerte zum Touchieren sind sinnvolle Hilfsmittel bei der Erziehung durch einfühlsame Bodenarbeit

te die Papiertüte keinesfalls weggenommen werden, um das Pferd zum Weitergehen zu bewegen. Es würde sonst nämlich das Wegnehmen der Tüte (= etwas Unangenehmes wird genommen) als Lob für das eigentlich hier ja unerwünschte Scheuen und Stehen bleiben verstehen! In solchen Fällen muss energisch, aber gleichzeitig beruhigend eingewirkt werden, um dem Pferd Sicherheit zu vermitteln und gleichzeitig zielgerichtet vorwärts zu kommen.

MERKE Sowohl das Hinzufügen von etwas Angenehmem (z. B. Leckerli) als auch das Verschwinden von etwas Unangenehmem (z. B. Ruck) wirkt als Lob und veranlasst das Pferd – nach einer Trainingszeit – zukünftig das gewünschte Verhalten zu zeigen.

Entsprechend verhält es sich mit der Bestrafung. Positive Bestrafung bedeutet, dass etwas Unangenehmes geschieht, z. B. wenn ein typischer Beißversuch eines Hengstjährlings beim Führen mit einem kurzen Gertenhieb abgewehrt wird. Nach einiger Zeit wird dadurch das Beißen eingedämmt, wenn konsequent auf jeden Beißversuch die unangenehme Gerte folgt. Negative Bestrafung dagegen heißt, dass man dem Pferd etwas Angenehmes nimmt. Droht beispielsweise ein Kraftfutter fressendes Pferd dem dabei anwesenden Betreuer mit angelegten Ohren, so nimmt man ihm das Kraftfutter fort.

GRUNDSATZ Lob und Strafe müssen stets sofort auf ein gezeigtes Verhalten erfolgen, weil nur innerhalb eines kurzen Zeitraums beim Pferd überhaupt eine geistige Verknüpfung von Ursache und Wirkung möglich ist!

► Haltungsansprüche

Pferde leben in allen Erdteilen unter teils sehr gegensätzlichen Umweltbedingungen – auch in geologisch und klimatisch sehr extremen Gebieten. Sie gedeihen auf Inseln in Meeren, im Tiefland oder im Hochgebirge, in zeitweise arktisch-kalten Tundren, in tropischen waldreich-feuchten Gebieten und auch in Wüsten oder baumlosen, steppen- und wüstenähnlichen, heißen Regionen. Das zeigt zunächst eines, nämlich die beeindruckende Anpassungsfähigkeit des Pferdes an die natürlichen Bedingungen unterschiedlicher Lebensräume. Die Betonung liegt hierbei auf »natürlich«, denn bei allen auch sehr gegensätzlichen Naturbedingungen dominieren seit einigen tausend Jahren als Grundlage von Zucht und Haltung unterschiedlicher Rassen vielfältige Klima- und Umweltreize.

Die herausragende Eigenschaft des Pferdes ist sein enormes angeborenes Thermoregulationsvermögen. Diese Fähigkeit aller Pferde, sich bei allmählicher Umgewöhnung an nahezu jedes kalte oder warme Klima anzupassen, muss zur Gesunderhaltung allerdings laufend trainiert werden. Verweichlichte Pferde, deren Thermoregulation erlahmt ist, weil sie nahezu ausschließlich im Stall stehen und bei jedem »Lüftchen« eingedeckt werden, erkranken schnell. Im Thermoregulationsvermögen unterscheidet sich das Pferd von vielen anderen Haustieren und dem Menschen ganz erheblich. Menschliche Komfortgesichtspunkte sind als Gradmesser der Witterungsverträglichkeit für Pferde deshalb völlig abwegig, weil das Pferd eben kein Höhlentier ist wie Mensch, Hund oder Kaninchen!

Jede Haltung muss berücksichtigen, dass Pferde nicht rein schematisch nach einem Einheitsmuster gehalten werden können, sondern einerseits typbezogene (Nord- oder Südtyp) und andererseits leistungsbezogene Elemente (Freizeitpferd oder Sportpferd) mit individueller Veranlagung und Gewöhnung sowie dem Alter und dem Gesundheitszustand zu kombinieren sind.

Gemeinsam sind alle Pferde, egal welcher Rasse, gesellige Herdentiere, klimatisch sehr anpassungsfähige, robuste Lauftiere und vegetarische Dauerfresser.

Stundenweise winterlicher Weidegang auf einer Trampelkoppel ist auch für Vollblutaraber ein Genuss, wenn sie nicht verzärtelt wurden und ihre Thermoregulation durch stete Gewöhnung an jedes Außenklima gut funktioniert

Artgerechte Pferdehaltung

Folgende Haltungsfaktoren und -anforderungen garantieren die Berücksichtigung der Grundelemente des »Wild-Erbes«:

- ▶ Tägliche, direkte Artgenossenkontakte;
- ▶ natürliches Licht im Tag- und Nachtrhythmus;
- ▶ Klimareize im Rhythmus der Jahreszeiten;
- ▶ frische Luft und freie Bewegung sowie
- ▶ überwiegende Futteraufnahme und -selektion unter natürlichen Bedingungen.

Nord- und Südpferde

Aus Vereinfachungsgründen kann man alle Pferde nach ihrer ursprünglichen Herkunft und ihren Umgangs- und Haltungsansprüchen in zwei Gruppen einteilen, und zwar in Nordpferde (= Pferde der Kaltklimazone, z. B. Shetlandponys, Fjordpferde, Isländer, Haflinger, Kaltblüter) und in Südpferde (= Pferde der Warmklimazone, z. B. Vollblutaraber, Andalusier, Quarter Horses, Warmblüter). Diese Typ-Einteilung ist allerdings keine biologische Kategorie, sondern dient allein der groben Orientierung; sie basiert auf den Studien der Forscher SPEED und EBHARDT.

Nordpferde sind zwar generell nicht unsensibel oder temperamentlos, aber doch tendenziell eher phlegmatisch, häufig etwas bedächtig, deshalb relativ nervenstark. Sie sind keine Galoppspezialisten, dafür aber gut in Schritt-, Trab- oder Töltleistung und auch zugkräftig als Gespannpferde. Als sehr gute Futterverwerter werden sie als »Ansatztypen« bezeichnet; sie sind witterungshart: ganzjährige Offenstallhaltung ist die gesündeste Haltungsform.

Südpferde, also alle »hochblütigen« Pferde sowie Typ-Kreuzungen, sind psychisch sensibler mit großem Bewegungsdrang; sie sind »Atmungstypen«, die Futter stärker in Bewegung als in Fettansatz umsetzen. Offenstalleignung: für trocken-warmes, aber auch trocken-kaltes Klima sehr gut, für Feuchte und Sturm, also typisches Aprilwetter, ebenfalls, wenn stets kompromisslos-gute Schutzmöglichkeit und gut isolierende, dicke Einstreu sowie üppige Raufuttermengen bereitstehen.

▶ Rassenvielfalt – Wichtige Unterschiede und Auswahlkriterien

Tolerante Pferdeliebhaber schätzen jede Rasse – mit deren Unterschieden, den Vorzügen und Schwächen. Bei allen Rassen ist das Grundverhaltensrepertoire zwar in vielen Punkten gleich, doch ist die Intensität einiger Verhaltensmerkmale bei Südtypen ungleich größer als bei Nordpferden und – bei unbedarfter Einschätzung – im Haltungsalltag gefahrenträchtiger. Bei der Haltung von Südpferden sollte arrondiertes Haltungsgelände, d. h. direkte Anbindung des Stalles an die Auslauf- und Weideflächen, stets vorhanden sein. Ohne diese Voraussetzung steigen Zeitaufwand und vor allem Unfallgefahren und – wenn z. B. die Zeit zum Führen der Pferde zur Weide öfter fehlt, lange »Stallstehzeiten«. Letztere addieren wiederum nervöse Aufladungen der Pferde und Bewegungsstau mit weiteren Umgangsproblemen und Unfallgefahren.

Großpferde, vor allem solche mit Vollblutanteil, beanspruchen im täglichen Umgang auf Grund ihrer Größe und des Temperaments überlegtes Einfühlungsvermögen

Was bereits seit den Sechziger Jahren den Boom hin zu Freizeitpferden des Nordtyps wesentlich mitverursacht hat, nämlich deren angenehme Handlichkeit bei durchweg kalkulierbarem Temperament, ist im täglichen Umgang der unschätzbare Vorteil schlechthin – vor allem für weniger erfahrene Pferdeliebhaber oder Familien, in denen auch minderjährige Sprösslinge mit Pferden sinnvoll, angstfrei und selbstständig im Haltungsalltag umgehen sollen. Konträr zu Pferden des Nordtyps erfordern Umgang und Haltung von Pferden des Südtyps erheblich mehr Zeit; praktische Erfahrung mit Pferden; Einfühlungsvermögen; Respekt; Ruhe und Geduld; Konsequenz; körperliche Fitness; genaueste tägliche Beobachtung jedes Pferdes; große Sensibilität bei Stimmkommandos, eigener Körpersprache oder beim Gebrauch von Hilfsmitteln (Gerte, Peitsche) sowie strikte Vermeidung eigener »cholerischer Anfälle« bei irgendwelchen Ärgernissen.

Während beim Umgang mit Nordpferderassen selbstverständlich grundsätzlich gleiche persönliche Eigenschaften zu fordern sind (denn auch ein Haflinger oder Fjordpferd schätzt die Sensibilität seines Zweibeiners weit mehr als etwa unbeherrschtes Getue oder cholerische Anfälle!), sind die genannten Eigenschaften bei der Haltung von Südpferderassen geradezu absolute Vorbedingung – da sonst ein Verständigungschaos zwischen Zwei- und Vierbeiner droht. Zu berücksichtigen sind im Unterschied zu Nordpferden schnelle Reaktionen und Reflexe wie zum Beispiel verstärktes Auskeilen (darüber wird selten geschrieben). Insbesondere Jungpferde und rossige Stuten verschiedener Südpferderassen können dermaßen »locker« sein, dass bereits ein unüberlegter, für das Pferd überraschender Klaps auf die Hinterbacke einen Keilreflex auslöst – mit entsprechenden Folgen. Ein Nordpferd würde sich im Zweifel unter vergleichbaren Bedingungen erst einmal umschauen (was aber nicht bedeutet, dass Nordpferde nun gar nicht keilen). Auch beim Ausleben des Eigenbewegungsdrangs gehören Keilen, insbesondere in Form von Kapriolen, und Steigen bevorzugt zum Repertoire der Südpferde. Häufige spielerische Galoppaden mit brenzligen Stops gerade noch vor der Einzäunung sind bei Südpferden übliche Reaktionen, bei Nordpferden die Ausnahme. Nur ausreichende Auslauf- und Weideflächen mit genügend hohen, respekteinflößenden Elektrozäunen kommen diesem Bedürfnis entgegen.

Beispielhaft sei auch auf die unterschiedlichen geistigen Kapazitäten der Rassen hingewiesen. Unterschiede in der geistigen Verarbeitung vielfältiger Reize zeigen schon Kapazitätsunterschiede, die bedeutsam sind. Pauschal die größten geistigen Kapazitäten finden sich bei Vollblutarabern: sie weisen auch die größte Gehirnoberfläche und beste Lernkapazität von allen Pferderassen auf. Schnelligkeit der Reizleitung und der Gehirnaktivität zeigen sich bei der Verarbeitung von Kommandos. Von Vollblutarabern werden Reize (z. B. Stimmkommandos beim Longieren) innerhalb von drei Sekunden verstanden, zur Ausführung des gleichen Kommandos benötigen Fjordpferde etwa fünf Sekunden.

Ponys sind nicht etwa »Kleinausgaben« der Großpferde, sondern eigenständige Pferdetypen, die auf Grund ihrer »Allroundeignung« Respekt verdienen

Das hat im Haltungsalltag und bei der Ausbildung Auswirkungen, die allerdings nicht immer angenehm sein müssen. Auffällig ist, dass Südpferde sehr viel häufiger Stimmungsschwankungen (»Launen«) unterliegen als Nordpferde. Gepaart sind solche Neigungen mit einer gewissen Unbestechlichkeit. Während bei Nordpferden über Futter-Lockmittel erhebliche Verhaltensänderungen sehr zügig erreicht werden können (z. B. Verladen oder Hereinrufen zum Stall), entscheiden Südpferde gerne selbst, ob sie diese »Bestechung« augenblicklich wollen oder nicht. Wenn sie gut drauf sind, kommen sie andererseits aber auch freudig angaloppiert – ohne überhaupt eine Belohnung zu erwarten. Das ist bei Nordpferden (vor allem, wenn sie woanders noch etwas zu fressen haben) eine rare Ausnahme!

Dieses Verhalten weist auf die Unterschiede im Fresstrieb und in der Futterverwertung hin: Nordpferde in einer befriedigenden Leistungskondition zu halten, ist – unter Einhaltung der für jedes Pferd erforderlichen täglichen Mindestkauzeit von etwa fünf Stunden – etwas schwieriger. Bei ihnen müssen regelmäßig der Weidegang zeitlich begrenzt, die Heuration genau portioniert und das Kraftfutter sehr konsequent leistungsbezogen dosiert werden. Nur so sind bei Nordpferden Erkrankungen an Hufrehe mit Lahmheitsfolgen sowie Fettsucht mit leistungsmindernder Kurzatmigkeit zu verhindern. Der damit verbundene Haltungsaufwand ist deshalb höher als bei Südpferden.

In Futterkosten ausgedrückt heißt dies z. B. praktisch: Für zwei Vollblutaraber kann man drei ungefähr gleich große Fjordpferde halten.

▶ Augen auf beim Pferdekauf

Wer an Kauf oder Zukauf eines Pferdes denkt, sollte konkrete Vorstellungen über Beschäftigungsziele und Verwendungsmöglichkeiten entwickeln und nicht etwa ein beliebiges Pferd kaufen, nur weil es in der Nachbarschaft gerade günstig angeboten wird. Im Prinzip kann man zwar mit Pferden jeder Rasse alles normal Pferdegemäße anstellen, doch gibt es jeweils zu den typischen Reitsportarten auch speziell dafür geeignete Rassen. Andererseits sind manche Rassen durchaus »allround-geeignet«. Natürlich sind diese Rassen nicht Spezialisten auf allen Gebieten. Als gute Allroundrassen für jung und alt, die zum freizeitmäßigen Westernreiten ebenso geeignet sind wie für das Wander- und Distanzreiten oder den Fahrsport, haben sich verschiedene bodenständige Linien mittelgroßer Warmblüter ohne Vollblutanteil sowie ganz besonders Fjordpferde und Haflinger bewährt. Fjordpferde und Haflinger eignen sich größenmäßig sowohl für Kinder und Jugendliche als auch für Erwachsene. Diese Pferde sind in der Anschaffung noch einigermaßen erschwinglich und auch im durchschnittlichen Futteraufwand für Normalverdiener erträglich.

► Welches Pferd für welchen Zweck?

Für die typischen Reitsportarten sind folgende Rassen gut geeignet:

Sportart	Pferde
Wanderreiten	Alle handlichen, ausdauernden Rassen, Fjordpferde, Haflinger
Turnier-Springen	Hochblütige Warmblüter, hochblütige Reitponys, Connemaraponys, Anglo-Araber, Englische Vollblüter
Turnier-Dressurreiten	Hochblütige Warmblüter, hochblütige Reitponys
Barockes Dressurreiten	Andalusier, Friesen, Lusitanos, Lippizaner
Gangartenreiten	Alle Pferderassen mit Spezialgangarten, Islandpferde, Paso Peruano, Paso Fino, Tennessee Walking Horses, American Saddlebred, Mangalarga Marchador
Turnier-Westernreiten	Quarter Horses, Paint Horses, Appaloosas, Araber
Distanzreiten	Alle Rassen
Distanzrennen	Vollblutaraber, Achal-Tekkiner, Englische Vollblüter

Anschaffungskosten

Der Pferdemarkt ist nur schwer durchschaubar. Aussagen über Kaufpreise für Pferde müssen sich deshalb an Anzeigen und verlässlichen Aussagen von Käufern und Verkäufern orientieren. Die Beispiele der Tabelle geben eine grobe Orientierung für den Kauf durchschnittlich veranlagter Pferde, soweit sie als Freizeitpferde verwendet werden. Sehr gute Zuchtpferde, hochtalentierte Turnierpferde oder Rennpferde liegen preislich erheblich über dem angegebenen Niveau.

Preisbeispiele für ausgewachsene Reit- und Fahrpferde mit Grundausbildung:		
Rasse	**Verwendung**	**Preis in EURO**
a) Nordpferde		
Shetlandpony	Fahren	700
Welsh-A-Pony	Fahren	1400
Deutsches Reitpony	Reiten	3200
Islandpferd	Reiten	3400
Haflinger	Reiten/Fahren	2000
Fjordpferd	Reiten/Fahren	2400
Connemara	Reiten/Fahren	2600
Kaltblüter	Fahren/Reiten	3200
b) Südpferde		
Vollblutaraber	Reiten	4300
Andalusier	Reiten	6200
Quarter Horse	Reiten	5000
Deutsches Warmblut	Reiten/Fahren	5000
Achal-Tekkiner	Reiten	7000

Handschlag oder was?

Wer ein Pferd kauft, muss mit dem rechtmäßigen Eigentümer einen Vertrag schließen. Unbedingt erforderlich ist, dass vor dem Kauf die zum Pferd gehörenden Dokumente, Pferdepass und die separate Eigentumsurkunde, vom Käufer eingesehen werden, um Identität des Pferdes und Eigentumsverhältnisse zu überprüfen. Bei Zweifeln sollte kein Kaufvertrag abgeschlossen werden.

Pferdepass

Die Dokumente Pferdepass und Eigentumsurkunde werden von anerkannten Zuchtverbänden und der Deutschen Reiterlichen Vereinigung (FN) in D-48229 Warendorf auf Antrag ausgestellt. Anträge bekommt der Pferdehalter von seinem Tierarzt, der auch den Antrag mit Identitätsfeststellung gegenzeichnet und dafür ein festgesetztes Honorar berechnet. Die Gesamtkosten einschließlich Passausstellung und Zustellung belaufen sich auf etwa 90 Euro.

Im Juli 2000 ist innerhalb der Europäischen Union der Pferdepass (Equidenpass) eingeführt worden, weil Pferde als »lebensmittelliefernde Tiere« gelten. Gesetzlich wurde geregelt, dass für jedes Pferd ein solcher Pass ausgestellt werden muss. Das gilt auch für Pferde aus dem Ausland oder solche ohne Abstammungsnachweis. Der Pass ist z.B. stets mitzuführen, wenn ein Pferd transportiert wird. Aus dem Pass ergibt sich die Identität des Pferdes durch die Namensangabe, eine 15-stellige Lebensnummer und die detaillierte äußere Beschreibung. Die aktuellen Eigentumsverhältnisse ergeben sich nicht zwangsläufig auch aus dem Pass. Das Eigentum an einem Pferd wird nämlich nicht durch den Pferdepass, sondern durch eine separat zum Pferdepass ausgestellte (und auch sicherheitshalber separat aufzubewahrende!) Eigentumsurkunde nachgewiesen. Nur bei FN-registrierten Turnierpferden wird der jeweils aktuelle Eigentümer zusätzlich im Pferdepass dokumentiert. Bei erstmaliger Beantragung des Passes muss vom Eigentümer im Antrag angegeben werden, ob das Pferd zur Lebensmittelgewinnung (= Schlachtung zum menschlichen Verzehr) bestimmt ist oder nicht, denn danach richtet sich die jeweils zulässige und immer in den Pass einzutragende Medikation bei tierärztlicher Behandlung. Im ausgestellten Pass selbst muss die Entscheidung nochmals unterschriftlich bestätigt werden.

Es empfiehlt sich grundsätzlich, das Pferd immer zunächst als lebensmittellieferndes Tier anzugeben, denn dieser Status kann in späteren Jahren noch durch den jeweiligen Eigentümer durch Eintragung im Pferdepass rückgängig gemacht werden. Dagegen ist jede Entscheidung für den »Nicht-Lebensmittelstatus« endgültig. Sie gilt auch für alle nachfolgenden Eigentümer des Pferdes und ist nicht mehr abänderbar.

Deckblatt Pferdepass* mit Name und Lebensnummer des Pferdes

* Abbildung mit freundlicher Genehmigung der FN

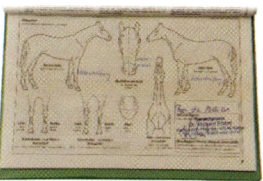

Das Identitätsdiagramm ist im Pferdepass enthalten

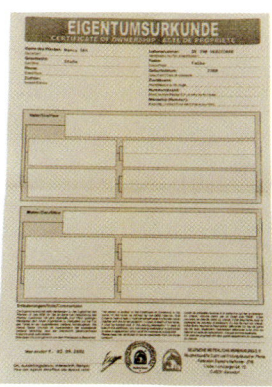

Das Eigentum wird nicht durch den Pferdepass, sondern durch eine separate Urkunde bescheinigt

Ankaufsuntersuchung

Ohne tierärztliche Ankaufsuntersuchung, worunter ein Gutachten verstanden wird, das den Gesundheitszustand zum Zeitpunkt der Kaufabsicht beschreibt, ist jeder Pferdekauf mit vielen gesundheitlichen Unwägbarkeiten verbunden. Dies gilt besonders für den Kauf von bereits strapazierten Turnierpferden und erst recht für jeden Zuchtpferdekauf. Deshalb ist immer zu einer Ankaufsuntersuchung zu raten – möglichst mit Blutdiagnostik und aussagekräftigen Röntgenuntersuchungen. Das Honorar ist dem Tierarzt durch die Gebührenordnung vorgeschrieben, es liegt – zeit- und leistungsabhängig – durchschnittlich bei 350 EURO und darüber. Nicht selten verlangen Tierärzte dazu Vorauszahlungen oder sofortige Barzahlung, weil manche Pferdekäufer es erfahrungsgemäß mit der Rechnungsbegleichung später nicht besonders eilig haben!

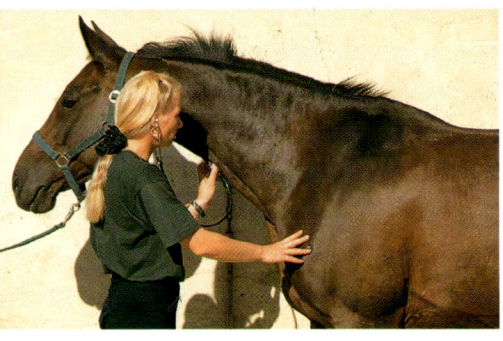

Zwischen Käufer und Verkäufer muss einvernehmlich vereinbart werden, wer welchen Tierarzt mit der Ankaufsuntersuchung beauftragt und wer die Kosten trägt

Pferdekaufrecht

Seit Beginn des Jahres 2002 hat sich entsprechend einer Richtlinie der Europäischen Union das Pferdekaufrecht geändert. Insbesondere die Gewährleistungsrechte des Pferdekäufers wurden erweitert. Nach dem alten Recht konnte durch mündlichen Kaufvertrag, also auch per Handschlag, rechtswirksam ein Pferd gekauft werden. Es galt – wenn nichts anderes vereinbart wurde, die gesetzliche Haftung für sogenannte Hauptmängel (Rotz, Dummkoller, Dämpfigkeit, Kehlkopfpfeifen, periodische Augenentzündung und Koppen) entsprechend der ins Bundesrecht übernommenen Kaiserlichen Verordnung von 1899. Die gesetzliche Haftung des Verkäufers bestand nach diesen Bestimmungen nur innerhalb recht kurzer Fristen, in denen sich ein Mangel zeigen musste. Sechs Wochen nach dem Ende der Gewährfrist verjährten die Ansprüche des Pferdekäufers. Durch diese juristische Abwicklung bestand in der Praxis recht schnell Rechtssicherheit – eher zum Nachteil des Käufers.

Nach EU-Recht ist das Pferd »Verbrauchsgut« und deshalb gelten im Wesentlichen die gleichen Regeln wie für den Verkauf von Sachen. Es gibt nach geltendem Recht keine Hauptmängel mehr und auch keine Gewährfristen. Für jeden Mangel muss der Verkäufer grundsätzlich haften. Wann aber ein Pferd mangelfrei ist, richtet sich nach der zwischen den Vertragspartnern vereinbarten »Beschaffenheit«. Ein Handschlag-Kauf alleine ist nicht rechtswirksam, sondern Pferdekäufe sind schriftlich zu vereinbaren. Falls darin zum Nachteil des Käufers von der gesetzlichen Regelung abweichende Vereinbarungen getroffen werden, sind diese unwirksam!

Wenn im Kaufvertrag nichts konkret über die speziellen Eigenschaften des verkauften Pferdes vereinbart wird, gilt nach aktuellem Recht das Pferd dann als frei von Mängeln, wenn es sich für die nach dem Vertrag vorausgesetzte Verwendung eignet oder es sich für die gewöhnliche Verwendung eignet und eine Beschaffenheit aufweist, die bei Tieren gleicher Art üblich ist und die der Käufer nach der Art des Tieres erwarten kann.

Jeder Pferdeverkäufer ist gut beraten, wenn er die zum Zeitpunkt des Verkaufs bestehenden Mängel des Pferdes klar im Vertrag angibt, denn dadurch verliert der Käufer etwaige Gewährleistungsrechte. Grundsätzlich muss bei Streitigkeiten der Käufer beweisen, dass ein Mangel besteht und dass dieser bereits bei Vertragsschluss vorgelegen hat. In diesem Punkt hilft dem Verkäufer primär eine tierärztliche Ankaufsuntersuchung, um die Gewährleistungspflicht für sich und für den Käufer klar ersichtlich zu begrenzen.

Untersuchungsmaßnahmen (z. B. Beugeprobe) und -ergebnisse protokolliert der beauftragte Tierarzt in einem schriftlichen Gutachten

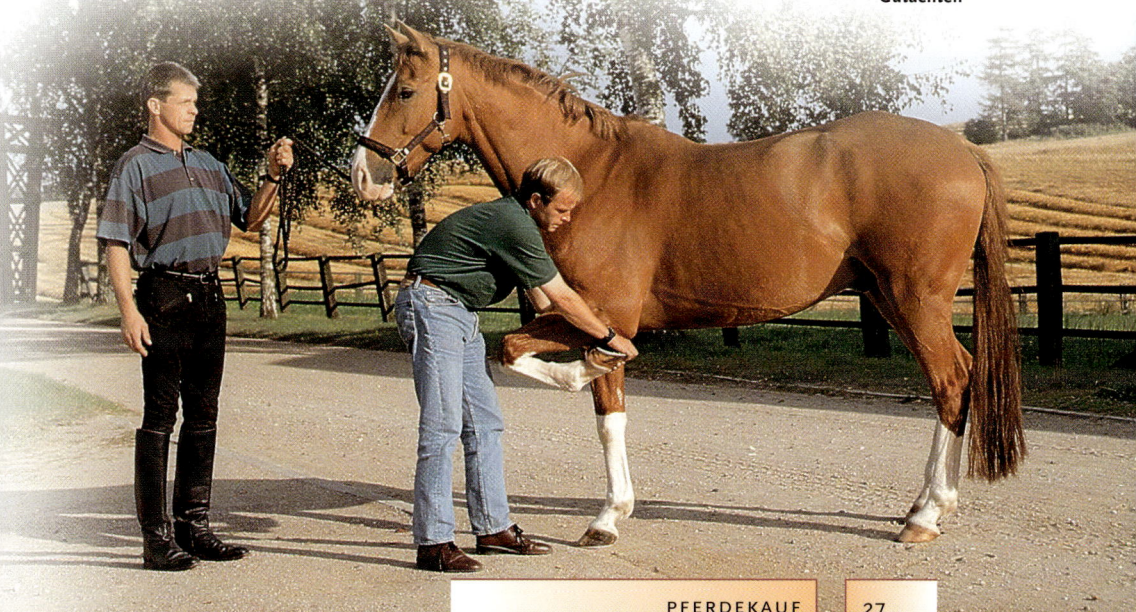

Pferdegerechte Haltung

Wie artgerechte Pferdehaltung individuell auszugestalten ist, kann nicht schematisch – wie es z. B. mit zweifelhaftem Erfolg bei der Käfighaltung von Hühnern versucht wurde – bis ins letzte Detail vorgeschrieben werden. Für den Bereich der Pferdehaltung ist § 2 Tierschutzgesetz anzuwenden. Danach hat derjenige, der ein Tier hält (z. B. Eigentümer), betreut (z. B. Pfleger) oder zu betreuen und unterzubringen hat (z. B. landwirtschaftlicher Pferdepensionsinhaber = Betriebsleiter), das Tier seiner Art und seinen Bedürfnissen entsprechend angemessen zu ernähren, zu pflegen und verhaltensgerecht unterzubringen. Er darf die Möglichkeit des Tieres zu artgemäßer Bewegung nicht so einschränken, dass ihm Schmerzen oder vermeidbare Leiden oder Schäden zugefügt werden.

Wer gewerblich Pferde hält, muss einen amtlichen Sachkunde-Nachweis besitzen. Aber ganz unabhängig von der formalen Rechtslage: Es sollte jeder Pferdebetreuer die nötige Sachkunde besitzen und bereit sein, sich aktuell fortzubilden und z. B. Ratschläge des Tierarztes im Interesse der Vierbeiner umzusetzen.

Die praktischen Voraussetzungen

30 ▸ Unterbringung

32 ▸ Pferdetransport

36 ▸ Haltungs-
formen

46 ▸ Stallsysteme

52 ▸ Fütterungs- und
Tränkein-
richtungen

52 ▸ Auslauf-
gestaltung

63 ▸ Weideanlage

68 ▸ Tore und Zäune

▸ Unterbringung

Für die Zufriedenheit des Pferdehalters und für dauerhaft gutes Gelingen einer pferdegerechten Haltung ist die richtige Wahl des Standorts der Pferdehaltung entscheidend. Tatsache ist leider, dass im Haltungsalltag einseitige Sachkunde »vom Hören-Sagen« ohne das nötige biologische Verständnis vorherrscht und deshalb Haltungsansprüche häufig fehlgedeutet werden.

Daraus folgt oft auch eine falsche Standortwahl. Nicht jeder altertümliche Dorfstall eines ehemaligen Fuhrbetriebs eignet sich heute noch zur Pferdehaltung und auch nicht jeder vor Leere gähnende Kuhstall wird allein schon durch einfachen Einbau von Gitterboxen zum pferdegerechten Stall! Ohne ganzjährige Auslaufmöglichkeiten und Weidegrund sind solche Verhältnisse nur unzureichendes Stückwerk. Die Umsetzung der Haltungsansprüche wird noch häufig zu kleinräumlich und bevorzugt lediglich auf Zufriedenheit und Komfortbedürfnisse des Menschen ausgerichtet. Er ist dann Mittelpunkt und Maßstab der Haltung – und nicht das Pferd.

Die Haltung in eigener Regie beim Haus ist grundsätzlich jeder anderen Unterbringung vorzuziehen. Wenn eine Eigenhaltung ausscheidet, kann als Alternative der Beitritt zu einer bereits bestehenden Haltergemeinschaft, die Neugründung einer solchen mit Gleichgesinnten oder die Haltung in einer geeigneten Pferdepension sinnvoll sein.

Standort

Bei der Standortwahl für die Eigenhaltung, aber auch vor Beitritt zu einer Haltergemeinschaft oder Pferdepension ist zu prüfen, ob als Haltungsgrundlage vorhanden sind:

▶ flächenmäßig ausreichendes und qualitativ befriedigendes, gepflegtes Grünland, das nicht z. B. durch langjährige Vernachlässigung total verunkrautet oder parasitenverseucht ist (für die Vegetationszeit reichen je mittelgroßes Pferd 2500 Quadratmeter = ein Morgen = ein Viertel Hektar);

▶ genügend großer Offenstall (je Pferd zehn Quadratmeter) oder luftige Box (12 bis 16 Quadratmeter) oder ein gemäß Planungs-, Bau-, Landschafts- und Nachbarrecht entsprechend bebauungsfähiges Grundstück;

▶ Möglichkeiten zur Anlage eines Auslaufs (je Pferd 50 Quadratmeter) und einer Reitbahn bzw. eines Round Pen (Durchmesser 15 Meter);

▶ Ausreitgelände;

▶ Wasser- und Stromversorgung;

▶ Lagermöglichkeiten für Winterfutter und Geräte (je Pferd etwa 20 Kubikmeter Lagerraum);

▶ geeigneter Hufschmied oder -pfleger in der Umgebung;

▶ Tierarzt in der Nähe;

▶ kurze Strecke (maximal 10 km) zum Standort der Pferde, die auch mit dem Fahrrad problemlos bewältigt werden kann.

Standort für eine Pferdezucht ist idealerweise ein großflächiges Areal mit Kräuter-Grasweiden

**Feuerverzinkte
V-Deichsel**

► Pferdetransport

Wer ein Pferd kauft, muss dieses in der Regel anschließend zum heimischen Haltungsareal transportieren. Das kann auch durch einen Spediteur erledigt werden. Doch auch bei der laufenden Pferdehaltung empfiehlt es sich, selbst mit Pferden mobil zu sein und sich nicht auf Transporthilfe zu verlassen. Der Wunsch nach Teilnahme an Turnieren und Distanzritten oder eine Fahrt mit den eigenen Pferden in den Urlaub, aber auch im Notfall ein Transport zur Tierklinik, sind Gründe

---

Checkliste Pferdetransporter-Neukauf

☐ Qualitativ hochwertige Feuerverzinkung aller Metallteile;

☐ V-Deichsel möglichst mit Diebstahlsperre an der Zugvorrichtung;

☐ gute Siebdruckplatten, die üblicherweise für den Hängerboden verwendet werden, sind bis zu 16-mal verleimt, minderwertige nur neunmal – haltbarer als Holzböden sind stets Aluböden;

☐ Achsen sollten am Stahlrahmen aufgehängt und nicht unter dem Holzboden verschraubt sein;

☐ Gummimatten sind zweckmäßigerweise verklebt und versiegelt, da sonst in Zwischenräumen Fäulnisbildung nach Jahren zur Materialzerstörung führen kann;

☐ Stoßdämpfer als Zubehör bieten besseren Fahrkomfort;

☐ Polyhauben oder Vollpolyanhänger müssen durch umlaufende Polyestersäulen bzw. Verstrebungen maximal stabil sein;

☐ Sicherheitsboxenstangensysteme erlauben, die Arretierung der hinteren Begrenzungsstangen von außen zu lösen;

☐ Trennwände aus Kunststoff statt aus Holz bieten den Pferden mehr Bewegungsfreiheit, weil sie körperfreundlich nachgiebig sind (vor allem im Hufbereich).

Checkliste Pferdetransporter-Gebrauchtkauf

Ältere Pferdeanhänger mögen optisch attraktiv hergerichtet sein, sie stecken dennoch häufig voller verdeckter Mängel, z.B.

- [ ] brüchiger, angefaulter Holzboden unter der Gummibodenfläche oder in Ecken – bei nicht ordentlich verklebten und versiegelten Gummiböden;

- [ ] Defekte der Bremsvorrichtung und Elektrik (Steckverbindung);

- [ ] ausgeschlagene Zugvorrichtung;

- [ ] abgefahrene und vom langen Stehen brüchige Reifen;

- [ ] unzulässige Reifengröße, wodurch die Betriebserlaubnis erlischt;

- [ ] durch Einbauten verändertes Leergewicht, das nicht mehr mit den Angaben in der Betriebserlaubnis übereinstimmt.

Geländefahrzeuge mit Allradantrieb sind vielseitige »Arbeitstiere« mit hohen zulässigen Anhängelasten

Checkliste Zugfahrzeug

- [ ] Als Zugfahrzeuge geeignet sind viele Personenkraftwagen, wenn diese für die erforderliche Anhängelast und Stützlastaufnahme zugelassen sind. Für den Transport von zwei mittelgroßen Pferden mit einem Doppelpferdeanhänger ist durchschnittlich eine zulässige Anhängelast von wenigstens 1,5 Tonnen erforderlich. Besonders zuggeeignet sind geländetaugliche Allradfahrzeuge. Am wenigsten geeignet sind leichte Personenkraftfahrzeuge mit Frontantrieb.

Zwischen Gummiboden und Wand finden sich »morsche« Stellen

zur Anschaffung eines Transportanhängers. Doppelpferdeanhänger guter Qualität aus Großserienfertigung kosten ab Werk etwa 6.000 EURO.

Sowohl beim Neukauf als auch besonders beim Erwerb eines gebrauchten Anhängers muss eine Mindestqualität gegeben sein. Tauchen technische Zweifel auf, empfiehlt es sich, bei Gebrauchtanhängern eine amtlich zugelassene Gutachterstelle (z. B. TÜV, DEKRA und ähnliche) vor Kaufabschluss einzuschalten.

Führerscheinregelung

Bereits seit dem 1.1.1999 gilt im Rahmen der Richtlinien der Europäischen Union für Deutschland ein neues Fahrerlaubnisrecht. Älteren Führerscheinbesitzern sind diese Neuregelungen für den Pferdetransport oft nicht geläufig. Besonders die Befugnisse der ehemaligen Führerschein-Klasse III (Pkw und Lkw bis 7,5 Tonnen zulässiges Gesamtgewicht plus Anhänger mit einer einzigen Achse bzw. einer Tandemachse, wenn die Radmittelpunkte nicht mehr als einen Meter voneinander entfernt sind) sind von diesen Neuregelungen betroffen. Wer die Fahrerlaubnis nach Klasse III besitzt, für den gilt aber ein so genanntes Besitzstandsrecht für das Fahren mit Anhänger.

Führerscheinumtausch

Pferdetransport-anhänger, die üblicherweise »für Sportzwecke« von der Kraftfahrzeugsteuer befreit sind, dürfen nicht für andere Aufgaben, z. B. Möbeltransporte, eingesetzt werden

Ein Umtausch der vor 1999 ausgestellten Führerscheine in einen EU-Führerschein ist grundsätzlich nicht vorgeschrieben. Allerdings ist dann ein Umtausch der früheren Fahrerlaubnis III erforderlich, wenn Transportgespanne (= Zugfahrzeug plus Anhänger) mit einer zulässigen Gesamtmasse von über 12 Tonnen bis 18,5 Tonnen gefahren werden sollen. Im Umschreibungsverfahren ist dann ausdrücklich bei der Straßenverkehrsbehörde die neue Führerschein-Klasse CE(79) zu beantragen.

Führerschein-Klasse B

Wer nach dem 1.1.1999 einen Fahrer-laubnisantrag gestellt hat bzw. aktuell stellt, erhält mit der neuen Führerschein-Klasse B die Erlaubnis, Kraftfahrzeuge – ausgenommen Krafträder – mit einer zu-lässigen Gesamtmasse (= Leermasse plus Zuladung) von nicht mehr als 3,5 Tonnen und mit nicht mehr als acht Sitzplätzen (außer dem Fahrersitz) zu fahren. Ob es sich dabei um Pkw oder Lkw handelt, ist egal, wichtig ist nur die in den Fahrzeug-papieren eingetragene Gesamtmasse (frühere Bezeichnung: Gesamtgewicht). Mit dem Zugfahrzeug darf man als In-haber der Führerschein-Klasse B (im Unterschied zu einem Inhaber der alten Klasse III) lediglich kleine Anhänger zie-hen mit zulässiger Gesamtmasse von maximal 750 Kilogramm oder mit einer zulässigen Gesamtmasse bis zur Höhe

Sicherer Transport setzt erfolgreiches Verladetraining voraus

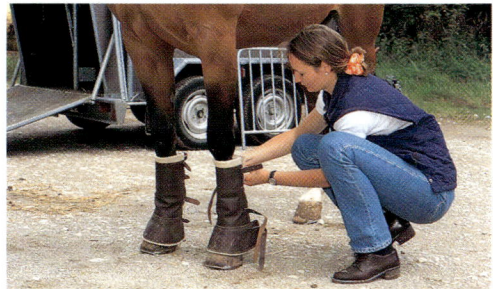

Spezielle Gamaschen verhüten Transportverletzungen

der Leermasse des Zugfahrzeugs, sofern die zulässige Gesamt-masse des Transportgespanns dann 3,5 Tonnen nicht übersteigt.

Anhänger-Führerschein

Wer ein Kraftfahrzeug mit einer zulässigen Gesamtmasse von nicht mehr als 3,5 Tonnen mit dem Führerschein der Klasse B fah-ren darf, benötigt in den weitaus meisten Fällen für den Pferde-transport auf Grund der zwangsläufig recht hohen Anhängelasten zusätzlich noch die Fahrerlaubnis der Klasse E.

Nur wenn die Leermasse des Zugfahrzeugs größer als die zugelassene Gesamtmasse des Anhängers ist oder die zugelasse-ne Gesamtmasse des gesamten Transportgespannes kleiner oder gleich 3,5 Tonnen ist, reicht der Führerschein der Klasse B alleine aus.

Bei allen Berechnungen muss stets – unabhängig vom Be-sitz einer gültigen und vollständigen Fahrerlaubnis – auch geprüft werden, ob der zum Transport ausgewählte Anhänger überhaupt vom betreffenden Zugfahrzeug gezogen werden darf.

► **Sachkunde-Nachweis**

Auch private Pferdehalter müssen zur pferdegerechten Haltung über genügend theoretische und praktische Sachkunde verfügen. Ein Weg zur Erlangung von Grundkenntnissen ist die erfolgreiche Teilnahme an Lehrgängen verschiedener Verbände (z. B. FN-Abzeichen / Basispass Pferdekunde). Die Deutsche Reiterliche Vereinigung (FN) möchte erreichen, dass der Basispass Pferdekunde für alle privaten Pferdehalter zur Pflicht gemacht wird.

Entmistungsarbeiten fallen täglich an; sie sind nur begrenzt mechanisierbar

► **Haltungsformen**
Haltung in Eigenregie

Optimal kann die Haltung in Eigenregie dann sein, wenn günstige Voraussetzungen gegeben sind. Ist z. B. ein landwirtschaftlicher Betrieb vorhanden oder kann ein Resthof mit Grünland gekauft oder gepachtet werden, steht der Pferdehaltung nichts mehr im Wege. Beim Kauf von Resthöfen ist das Grundstücksverkehrsgesetz zu beachten, wonach Flächenverkäufe ab 10.000 qm an Nichtlandwirte von der Landwirtschaftskammer genehmigt werden müssen. Bei Anpachtung von Grünlandflächen im Außenbereich, die zur Pferdehaltung genutzt werden sollen, muss vorher immer geprüft werden, ob nach Bau- und Landschaftsrecht ein Stallbau und die Anlage eines Sandauslaufs zulässig sind, denn dies sind so genannte genehmigungspflichtige bauliche Anlagen. Wenn Genehmigungen fraglich sind (z. B. in Schutzgebieten), kann eventuell eine fahrbare Weideschutzhütte behördlich toleriert werden.

Wenig Probleme gibt es, wenn der verpachtende Landwirt z. B. Bauherr eines vom Pferdehalter gewünschten Offenstalls wird, denn Landwirte dürfen bevorrechtigt auch im Außenbereich bauliche Anlagen errichten, wenn diese ihrem Betrieb dienen und bestimmte Maße eingehalten werden (z. B. vier Meter Firsthöhe).

Möglich und empfehlenswert ist z. B. auch eine Eigenhaltung durch Pacht von ungenutzten Nebengebäuden samt erforderlichen Grünlandflächen bestehender landwirtschaftlicher Betriebe.

Hier kommt es erfahrungsgemäß sehr auf detaillierte vertragliche Vereinbarungen und ausreichende zwischenmenschliche Verträglichkeiten an, damit solch eine Haltung tatsächlich reibungslos gestaltet werden kann. Sind diese Voraussetzungen gegeben, dann können solche Eigenhaltungen ein Gewinn für alle Beteiligten sein. Vorteilhaft ist hierbei, dass auch Arbeitsteilungen vereinbart werden können.

Pensionshaltung

Entweder in einer gewerblichen Pferdepension oder in einen auf Pferdehaltung
spezialisierten landwirtschaftlichen Betrieb kann man Pferde »einstellen«. Man
bezahlt für Unterbringung, Teil- oder
Vollversorgung und evtl. auch für die
Pflege des Pferdes und bleibt dadurch
zeitlich unabhängig. Für beruflich oder
familiär Vielbeschäftigte sowie für Städ-
ter und grundsätzlich für Pferdeleute, die
gerne ohne Pferd verreisen, ist dies oft
die einzige Möglichkeit, ein eigenes
Pferd zu halten. Gravierender Nachteil
gegenüber der Eigenhaltung ist, dass verständlicherweise der Pensionsgeber weitgehend alle Haltungsmaßnahmen fest-
legt, ausführt und individuelle Wünsche
des Pferdeeigentümers kaum berücksichtigen kann. Durch zeitlich relativ kurze Beobachtungsmöglichkeiten und un-

regelmäßigen Umgang kennt der Pferdeeigentümer »sein« Pferd
oftmals bei dieser Haltung nicht sonderlich gut. Daraus können
sich bei der Nutzung Verständigungsprobleme ergeben. Wer als
Pferdeeigentümer zeitlich nicht so arg strapaziert ist, Aktivität
liebt und den Naturkreislauf mit Pferden erleben möchte, kann in
landwirtschaftlichen Pferdepensionen auch nach Absprache Haltungsarbeiten (Pferde von der Weide holen, Stall einstreuen, Koppel von Kot absammeln, Mithilfe bei der Heuernte) übernehmen.
Das führt zu einer Reduzierung des Pensionspreises.

Insgesamt wird man in einer gewerblichen Stallanlage bessere sportliche Infrastruktur vorfinden (z. B. Reithalle, Hinder-
nisparcours, Reiterstube).

Demgegenüber bieten fachlich gut geführte landwirtschaft-
liche Pferdepensionen durchweg bessere artgemäße Haltungs-
grundlagen (z. B. größere Weide- und Auslaufflächen; für Pferde
wichtige, abwechslungsreiche Reizsituationen auf dem Hof durch
andere Tiere, Gewöhnung an Traktoren- und laute Maschinenge-
räusche).

Heunetze sind zweck-
mäßige Hilfsmittel,
wenn sie hoch genug
aufgehängt werden,
damit Pferde sich
nicht mit Hufen darin
verfangen können; zu
hohes Aufhängen ist
allerdings auch zu
vermeiden, da sich
dadurch eine anato-
misch ungünstige
Fresshaltung ergibt
und Futterpartikel /
Staub Augenreizun-
gen verursachen
können

Haltergemeinschaft

Wer sich mit anderen zusammenschließt, um Pferde gemeinsam zu halten, versucht, die Vor- und Nachteile sowohl der Eigen- als auch der Pensionshaltung miteinander zu verbinden und auszugleichen. Grundsätzlich ist eine solche gemeinsame Pferdehaltung als formlose BGB-Gesellschaft, in der nur einstimmige Beschlüsse aller Mitglieder gelten, empfehlenswert. Spätestens wenn gemeinsam Weideland gepachtet wird oder größere Investitionen anstehen, müssen eindeutige vertragliche Vereinbarungen getroffen werden. Ein Mitglied der Haltergemeinschaft sollte zum Koordinator gewählt werden, denn das vereinfacht z. B. organisatorische Abläufe.

Wenn zwischenmenschlich »die Chemie stimmt«, weil jeder ein Mindestmaß an Disziplin und Toleranz mitbringt, kann eine Haltergemeinschaft für Pferde und Halter sehr erfolgreich sein. Fehlen diese Voraussetzungen, dann überwiegen auf Dauer Frust und am Ende sogar Chaos – zu Lasten der Vierbeiner.

▶ Kosten Pensionshaltung

Grob gerechnet ist die Pensionshaltung wenigstens ein Drittel teurer als die Eigenhaltung. Folgende pauschale Angaben zu jährlichen Durchschnitts-Unterhaltungskosten für ein mittelgroßes Pferd (Angaben in EURO) geben eine Orientierung:

Kostenart	Eigenregie	Pension
Hufpflege und -beschlag	500	500
Gesundheitsvorsorge	200	200
Weidepacht	200	–
Düngung, Weidepflege	100	–
Zukauf Winterfutter	300	–
Pferdehalterhaftpflicht	100	100
Stallreparaturen	200	–
Wasser- und Energieverbrauch	100	–
Abschreibung Stall/Zäune	500	–
Pensionsbetrag	–	2500
Insgesamt jährlich:	2200	3300

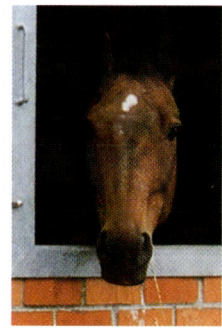

Grundbedingungen

Als Leitsatz für Unterbringung, Haltungsform und Stallplanung gilt: Soviel Natur wie möglich und soviel Stall wie nötig! Praktisch heißt das: Je stärker und zeitlich ausgedehnter die Leistungsanforderungen an das Pferd, desto höher steigen dessen Ansprüche an Vorsorge (z. B. bei Turnierpferden im Training häufige Fütterung kleiner, verdauungsfreundlich dosierter Kraftfuttermengen auf der Basis von genügend Raufutter; Möglichkeiten des relativ ungestörten Ausruhens) und Nachsorge (Wälzen lassen, Pflege, Schweißtrocknung mit technischen Hilfsmitteln, z. B. Solarium), aber auch artgemäßer Entspannung durch täglich freie Bewegung an frischer Luft ohne Lederzeug zusammen mit anderen Pferden auf der Weide oder in einem Auslauf, mindestens aber in einem Einzelpaddock in Riech- und Sichtweite anderer Pferde.

Die noch zu oft praktizierte traditionelle ausschließliche Stall-Einzelhaltung mit täglich nur einer Stunde Bewegung unter dem Sattel oder an der Longe wird diesen Anforderungen nicht gerecht. Denn die übrige Zeit verbringen solche Pferde gelangweilt mit körperlicher und geistiger Verödung. Man schaue einmal bewusst in die Augen von Stallpferden, denen ein dumpfes Boxendasein »beschert« ist!

Ausschließliche Haltung in vergitterten Innenboxen stellt keine art- und verhaltensgerechte Unterbringung dar

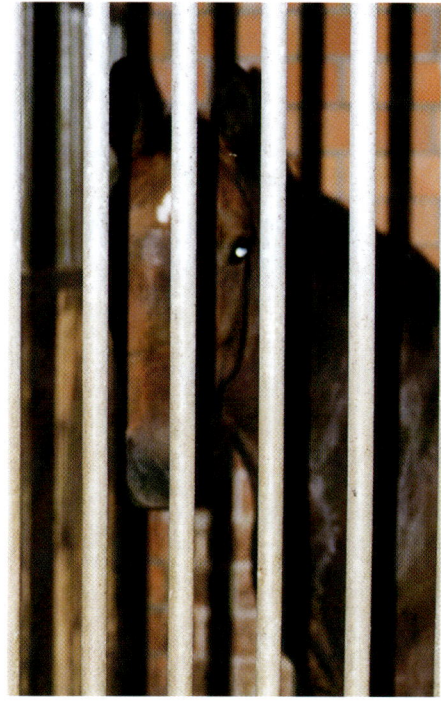

Offene und geschlossene Haltung

Pferdehaltung stellt sich vielseitig dar. Die Skala reicht von der ganzjährig robusten Naturhaltung (= offene Haltung) mit ausreichendem Schutzbewuchs auf reservatähnlich großen Extensivweiden ganz ohne Stall bis zur ausschließlichen Stallhaltung (= geschlossene Haltung) ganz ohne Natur. Wie so oft, liegt das Ideal in der Mitte zwischen den beiden Extremen. Es existieren drei Stallsysteme:

Anbindestall = geschlossenes System, in dem Pferde auf engstem Raum ohne größere Bewegungsfreiheit stets angebunden untergebracht sind;

Lauf-(= Boxen-)stall = geschlossenes System, das als Verbesserung gegenüber der Anbindehaltung dem im Stall nicht mehr angebundenen Pferd geringe Bewegungen gestattet;

Offenstall = offenes System, in dem das Pferd zwischen Stallaufenthalt und Bewegung im Freien selbst wählen kann.

Geschlossene Haltungssysteme:
① **Ständer = Anbindestall** (zur Dauerunterbringung ungeeignet, Tierschutzverstoß)
② **Laufstall als Einzelbox**
③ **Laufstall als Gemeinschaftsbox:** zur Vermeidung von Rangelei-Verletzungen sind sehr große Flächen notwendig!
④ **Stallzelt als Anbindestall** (zur Dauerunterbringung ungeeignet)

Offene Haltungssysteme:
⑤ **Offenstall mit frei zugänglichem Liege- und Fressbereich**
⑥ **Offenstall (einfache Weideschutzhütte)**
⑦ **Fahrbare Weideschutzhütte**

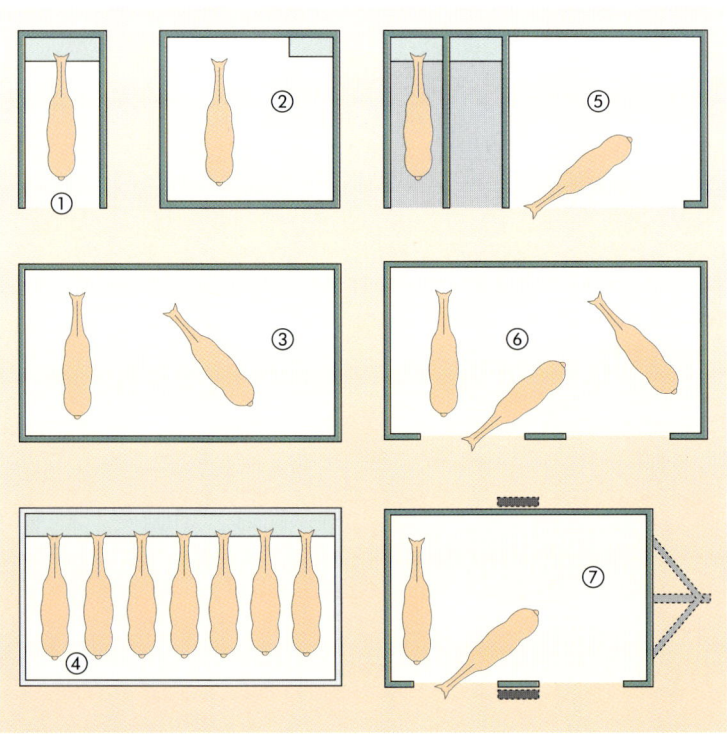

**Boxen ohne Paddock
sollten wenigstens
über Fenster verfügen**

Alle anderen gelegentlich auftauchenden Stallbezeichnungen, z. B. Kombi-Laufbox oder Offen-Laufstall und deren ähnliche Wortkonstruktionen, sind irreführend sowie begrifflich und haltungsfachlich abzulehnen, weil sie keine eindeutigen Beschreibungen enthalten.

Anbindestallhaltung und Laufstallhaltung

Jede Daueranbindehaltung von Pferden, z. B. in Ständern, ist strikt abzulehnen. Auch wirtschaftliche Gründe können diese nachweislich völlig artwidrige Haltung nicht rechtfertigen. Anbindehaltung ist lediglich vorübergehend akzeptabel, z. B. beim Trekking oder bei kurzzeitigen Pferdeschauen. Zwar bringt demgegenüber die Laufstallhaltung (= Boxenhaltung) im Gegensatz zur Anbindehaltung jedem Pferd schon mehr Bewegungsfreiheit, weil es unangebunden im Laufstall wenigstens ein paar Schritte im Geviert machen kann, aber letztlich sind die erforderlichen Sozialkontakte sowie Sonnenlicht, sauerstoffreiche Luft, freie Bewegung und die Außenreizaufnahme bei diesem geschlossenen Haltungssystem in der Regel immer noch stark eingeschränkt. Diese typische ausschließliche Boxenhaltung, wie sie vorwiegend noch in Reitställen und manchen Privathaltungen praktiziert wird, entspricht rein menschlichen Komfortgesichtspunkten und einfallslosen Versorgungspraktiken. Die wesentlichen Ansprüche des Pferdes bleiben unberücksichtigt – solche Haltungspraktiken schwächen und verhätscheln das Pferd, nehmen ihm lebensnotwendige Reizsituationen und machen es nachweislich auf Dauer krank.

Deshalb ist es ratsam, jede Boxenhaltung modifizierend zu ergänzen durch einen – wenigstens zeitweise frei durch die aufgestallten Pferde benutzbaren – Außenpaddock.

Haltung in Gemeinschaftslaufställen

Problematisch können, wie verhaltenskundlich untersucht, geschlossene Gemeinschaftsboxen (= Gruppen-Laufställe) sein, in denen mehrere Pferde auf engem Raum untergebracht sind. Hier sind zwar Sozialkontakte möglich, aber – da es sich um geschlossene Systeme handelt, bieten sich oftmals rangniederen Pferden einer Gruppe bei Rangeleien durch die beengten Verhältnisse zu wenig Ausweichmöglichkeiten. Es existiert demnach weder genügend Fluchtdistanz noch können die notwendigen aggressionsmindernden Individualabstände zwischen nicht befreundeten Pferden eingehalten werden.

Für lebhafte Pferdegruppen sind im Offenstall-Liegebereich 100 % mehr Fläche je Pferd einzuplanen (z.B. 18 statt 9 qm)

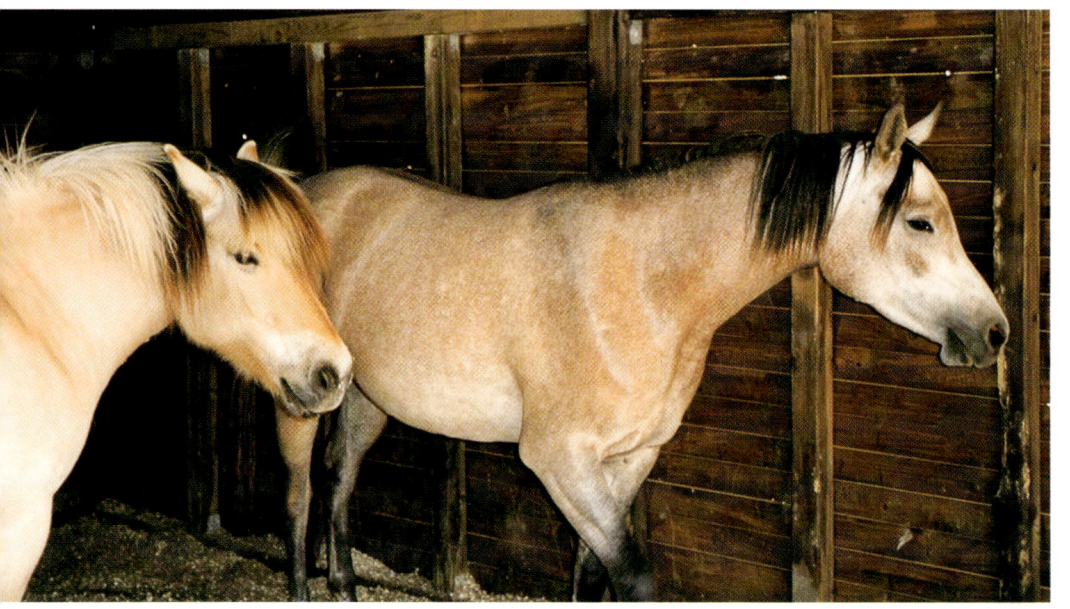

Dies führt nicht selten zu Schlag- und Beißverletzungen, aber noch häufiger zu schleichend krankmachendem Stress mit Störungen im Sozialverhalten, mangelhafter Futterverwertung mit Durchfall sowie allgemeiner Abwehr- und Leistungsschwäche. Allenfalls für Jungpferdegruppen oder ausgeglichene Zuchtstutengruppen, die zu jeder Jahreszeit optimalen Tagesauslauf haben, um sich auszutoben, niemals aber für wechselnde Pferdebestände in Pensionspferdehaltungen, können solche geschlossenen Gemeinschaftslaufställe, z. B. in großen Scheunen, eine akzeptable Haltungsform für Winternächte darstellen.

Offene Haltung = Auslaufhaltung

Die Befriedigung der naturgegebenen Bedürfnisse wird – je nach Ausgestaltung des Haltungsumfeldes – weitgehend abgedeckt durch die Auslaufhaltung. Auslaufhaltung bietet – im Gegensatz zur ausschließlichen Stallhaltung – ein Maximum an individuellen Gestaltungsmöglichkeiten.

Denn Auslaufhaltung kann kombiniert werden mit allen Stallsystemen. Die Skala beginnt mit kleinen Maßnahmen, z. B. mit der Anlage eines Paddocks als »erster Schritt«, damit sich ein Boxenpferd wenigstens zeitweise im Freien aufhalten kann. Diese Form der Auslaufhaltung kann schon geeignet sein, eine vorhandene Boxenhaltung gravierend zu verbessern. Die beste Form der Auslaufhaltung ist allerdings in der weitgehend verhaltensgerechten – gleichzeitig auch eine vernünftige Nutzung gewährleistenden – Gruppenauslaufhaltung mit Offenstall zu sehen.

Alternativen zur Anordnung der Offenstall-Funktionsbereiche:

① Parallelanordnung: Liegebereich ist direkt neben dem Fressbereich separat angeordnet (Mindestplatzbedarf im Liegebereich je Großpferd 9 qm)

② Eckanordnung: Liegebereich ist seitlich neben dem Fressbereich angeordnet. Der Auslauf kann in zwei getrennte Teile aufgegliedert werden, wobei ein Teil zeitweise außerhalb der Fütterungszeiten als Reitplatz genutzt werden kann

③ Integrierte Anordnung: Liegebereich und Fressbereich sind hier räumlich nicht getrennt; grundsätzlich ungünstig, da erhöhter Einstreubedarf. Grund: weil der Liegebereich stets zur Erreichung der Fressstände von den Pferden durchquert wird und dort im Liegebereich verstärkt nach der Futteraufnahme Exkremente abgesetzt werden; insgesamt nur für großflächige Hallenbauten geeignet. Platzbedarf im Liegebereich sehr groß

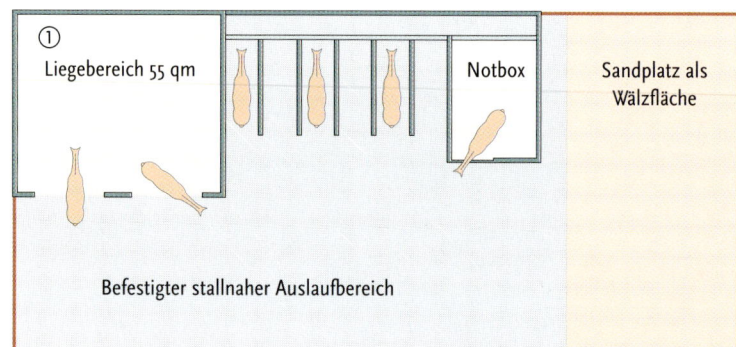

① Liegebereich 55 qm | Notbox | Sandplatz als Wälzfläche

Befestigter stallnaher Auslaufbereich

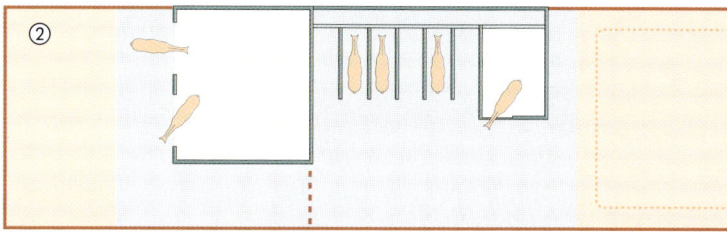

②

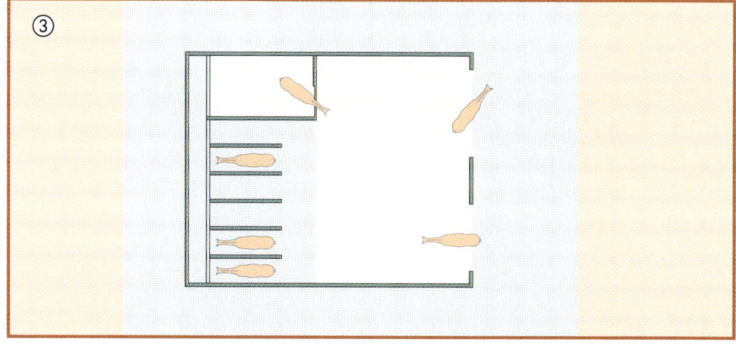

③

Gruppenauslaufhaltung mit Offenstall

In den vergangenen Jahren hat sich für Pferde aller Nutzungsrichtungen – von Freizeitpferden bis hin zu Hochleistungsrennpferden – die Gruppenauslaufhaltung mit Offenstall als ideale Haltung herausgestellt. Diese Haltungsform entspricht in entscheidenden Punkten den natürlichen Verhaltensnormen, stellt allerdings recht hohe Managementanforderungen an den Betreuer, ist auch arbeitsintensiver als eine Boxenhaltung und erfordert insgesamt mehr Fläche als eine geschlossene Haltung.

Kennzeichen dieser Haltungsform sind eine Gruppe zusammenpassender Pferde, ein genügend großer Offenstall mit möglichst getrenntem Liege- und Fressbereich, ein direkt an den Offenstall angrenzender Auslauf sowie Weideflächen, die mindestens stundenweises Grasen ermöglichen. Für die Haltung sportlich stark genutzter Pferde sollte die Offenstallanlage über eine oder mehrere Notboxen verfügen, damit Pferde nach der Arbeit witterungsangepasst zeitweise im geschlossenen Stall versorgt werden können.

Kritiker meinen, dass Gruppenauslaufanlagen mit Offenställen nur etwas für Ponys seien. Festzuhalten ist, dass alle umweltbedingten Wirkungen, die ein Pferd in einem genügend großen Außenareal treffen, denen es aber nach Belieben ausweichen kann (z. B. durch Schutzsuchen in einem frei zugänglichen Stall) oder die es nutzen kann (z. B. Abkühlung durch sommerlichen Regen oder gelegentliches Herumlaufen im Lehmmatsch zur Versorgung der Hufe mit Feuchtigkeit), für das Pferd »natürlich« sind und seine Lebensansprüche bestens befriedigen.

Grundsätzlich eignet sich jedes Pferd für eine Haltungsumstellung in Richtung mehr Natur und Gruppenkontakt, wenn eine allmähliche Gewöhnung gewährleistet ist. Auch die allmähliche Eingewöhnung eines aus Stallhaltung hinzugekauften Pferdes in eine bereits bestehende Offenstallhaltung ist mit etwas Geduld zu Beginn des Sommers kein unüberwindbares Problem.

Durch Futtervorlage unterhalb des Zauns lässt sich eine erste Futterneid-Begegnung provozieren, die auf Grund der Zaun-trennung ohne gefährliche Attacken abläuft

Gesellschaft von anderen Weidetieren ist für ein einzeln gehaltendes Pferd zwar besser als ein Einsiedlerdasein, ersetzt aber auf Dauer nie Artgenossen!

▶ Stallsysteme
Stallanlagen für Einzel- und Gruppenhaltung

Abgesehen von untypischen reservatähnlichen Pferdehaltungen wird für jede Haltungsform ein Stall benötigt. Jeder Stall kann im Prinzip für Gruppenhaltung oder Einzelhaltung von Pferden eingesetzt werden. Einzelhaltung bedeutet hier, dass in einem Haltungsareal trotzdem noch in Sicht-, Riech- und Hörweite andere Artgenossen vorhanden sind. Davon zu unterscheiden ist die extrem naturwidrige und als Tierschutzverstoß zu wertende völlige Alleinhaltung eines Pferdes in einem Areal ohne weitere Artgenossen. Auch die Gesellschaft anderer

▶ Offene Ställe

▶ Weideschutzhütten, die sich direkt auf dem Weideareal befinden, entweder fest mit dem Boden verankert oder fahrbar sind, um bei Bedarf den Weidestandort wechseln zu können;

▶ Weide- und Fütterungszelte, die bei Turnieren, Wanderritten oder aber als Schutz-Provisorien in Gebieten aufgestellt werden, in denen ein massiver Stallbau nicht genehmigt wird;

▶ Offenställe, meist nicht direkt auf dem Weideareal, sondern direkt mit einem separaten Auslauf für eine Pferdegruppe im Rahmen einer Gruppenauslaufanlage verbunden.

Einfache Weideschutzhütte in Flachdachausführung

▶ Geschlossene Ställe

▶ Anbindeställe, z. B. typische Ständer in massiven Stallgebäuden oder Stallzelten bei Zirkusunternehmen oder anlässlich von Schauen und Turnieren;

▶ Laufställe, gemeinhin auch Boxen genannt; diese können mit einem Paddock (= Kleinauslauf) versehen sein oder als so genannte Außenbox dem Pferd durch ein aufklappbares Fenster oder eine geteilte Tür Außenkontakte ermöglichen.

Tiere ist in solchen Fällen nur ein unzulänglicher Kompromiss. Zwar gibt es Zwangsfreundschaften mit anderen Tieren, z. B. mit der Stallkatze, doch ersetzt dies nicht den Artgenossenkontakt.

Grundsätzlich sind Ställe mit Gruppenhaltung vorzuziehen, da dort ständige Sozialkontakte zu Artgenossen möglich sind. Ställe für Einzelhaltung (Boxen) sollten z. B. nur mit halbhohen Trennwänden ausgestattet werden, damit eingeschränkte Sozialkontakte zwischen den Pferden auch während der Stallverweilzeit möglich sind. Auch üblicherweise einzeln gehaltene Hengste dürfen niemals stark separiert werden. Sie sollten in Offenställen oder Boxen mit Paddocks neben anderen Pferden oder zusammen mit einer Stute als Zweiergruppe gehalten werden.

Beispiele für Stallbaulösungen

In der Praxis wird nicht alles, was idealerweise zu fordern wäre, umzusetzen sein. Wo örtlich oft aus Beengung räumliche Kompromisse beim Stallbau erforderlich sind, z. B. im Dorfgebiet, kann durch geeignete Managementmaßnahmen (z. B. Anlage eines Auslaufs außerhalb des Stallgrundstücks und tägliches Führen der Pferde zu diesem Auslauf) eine nicht ganz so ideale Haltung durchaus verbessert werden.

Wie die Ideen zu einer pferdegerechten Haltung mit entsprechendem Stallbau detailliert und mit vielen Alternativlösungen in die Praxis umgesetzt werden können, kann ausführlich dem »Praxishandbuch Pferdehaltung« des Verfassers, erschienen im gleichen Verlag, entnommen werden (siehe hierzu Seite 125).

Müll, Schrott oder Baumaterial im Bewegungsbereich von Pferden bergen ernste Verletzungsgefahren

GRUNDSÄTZE Oberster Grundsatz für Stallbauten muss sein, dass alle Elemente, angefangen von der Schadstofffreiheit des Baumaterials über eine Elektroinstallation mit so genanntem Fehlerstromschalter bis zum Feuerschutz – ohne Rücksicht auf die Kosten – den Sicherheitsanforderungen entsprechen sollten und die Ausführung verletzungsverhütend sein muss.

Sinnvoll ist, Stalltüren immer recht groß zu dimensionieren. Nach den baurechtlichen Vorschriften müssen Türen sich stets nach außen ins Freie öffnen lassen.

Offenstall mit sog. Stülpschalung

Baustoffe Holz und Stein

Holz ist als Baustoff für alle Pferdeställe sehr gut geeignet, denn es ist atmungsaktiv, optisch naturverträglich und verhältnismäßig einfach zu bearbeiten. Hauptnachteil eines Holzstalles sind die in Frühjahr und Herbst während der Fellwechselzeit auftretende Neigung vieler Pferde, genüsslich am Holz zu knabbern. Dem lässt sich am ehesten durch ausreichende Raufuttermengen zur Beschäftigung begegnen. Weniger Probleme gibt es mit dem Beknabbern, wenn für ausreichende Stroheinstreu gesorgt wird.

Vorzuziehen ist immer Kesseldruckimprägnierung mit Spezialsalzen aller Holzmaterialien bereits ab Sägewerk. Guter Schutz vor Knabberattacken ergibt sich auch nach Einfassung aller Holzkanten mit Aluminium- oder Stahl-Eckschienen, die als Meterware im Baustoffhandel erhältlich sind.

Bei größeren Ställen in Satteldachbauweise wird immer (schon aus bauaufsichtsrechtlichen Gründen) ein erfahrener Bauleiter als Richtmeister (z. B. Zimmerer) erforderlich sein. Gleiches gilt für die ordnungsgemäße Fundamentherstellung und insgesamt für die statisch genügende, handwerklich einwandfreie Aussteifung von Dach und Wänden. Mit modernen Baustoffen lassen sich auch pferdegerechte Stallbauten aus Steinmaterial herstellen. So genannte Gasbetonsteine eignen sich dazu ebenso wie herkömmliche Ziegel. Da handwerkliche Selbsthilfe bei Massivbauten eng begrenzt ist, sind solche Maßnahmen vorrangig den Profis vorbehalten.

Remise mit zwei Außenboxen, die gleichzeitig als Offenstall genutzt werden können

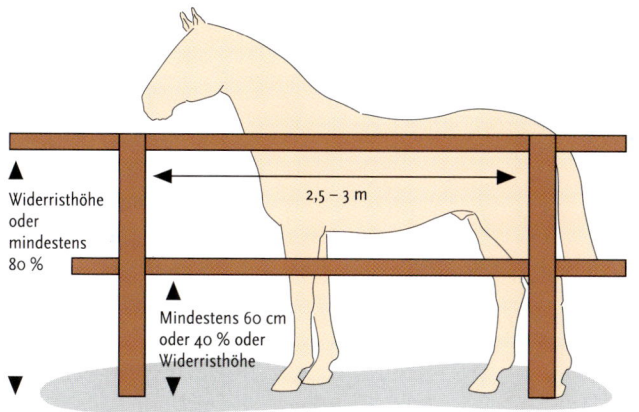

Widerristhöhe oder mindestens 80 %

2,5 – 3 m

Mindestens 60 cm oder 40 % oder Widerristhöhe

Auslaufeinzäunungen sollten respekteinflößend, aber ungefährlich sein. Empfehlenswert: Holzbohlen oder Stahlpanels kombiniert mit E-Zaun. E-Zaundraht mit sog. Sollbruchstellen versehen. Untersten Leiter (Draht oder Band) zur Verletzungsverhütung in gut 40 % der Widerristhöhe (bei Stockmaß 1,50 m = 60 cm) anbringen – nie tiefer

Einbauten in Pachtgebäuden

Für Einbauten (z. B. in Pachtscheunen) sind Abtrennungen für Boxen, Offenställe oder Fressstände aus imprägnierten Rundhölzern (Nagelverbindung mit so genannten Rundholzverbindern) oder aus feuerverzinkten Stahlelementen eine empfehlenswerte Gestaltungsmöglichkeit, denn man kann bei Beendigung der Pachtzeit alle nicht fest eingebauten Elemente wieder herausnehmen. Dagegen gehen alle fest mit dem Gebäude verbundenen Stallteile (z. B. gemauerte Boxen oder massiv durch Einbetonierung mit Wänden und Boden verbundene Stallbauelemente) nach dem Zivilrecht bei Pachtende in das Eigentum des Verpächters über (gegen evtl. auszuhandelnde Abfindung, was meistens zu Streitigkeiten führt, wenn nicht bereits im Pachtvertrag dazu eindeutige Vereinbarungen getroffen werden!).

Ein solcher Außenboxenstall kostet im Selbstbau rund 8.000 Euro an Material

Außenbox mit Paddock

Für sportlich stark genutzte Pferde haben sich Außenboxen mit Einzelpaddock oder Gemeinschaftspaddock bewährt. Ein Eck-Außenboxenstall für zwei mittelgroße Pferde kostet einschließlich Lagerraum in massiver Holzbohlenausführung mit Inneneinrichtung, ausreichender Wand- und Dachisolierung sowie Ziegeldacheindeckung bei Lieferung und Montage durch einen Unternehmer rund 35.000 EURO. Rechnet man Paddock- und Zaunherstellung dazu, sind Kosten um 45.000 EURO realistisch.

Gruppenauslauf-
anlage mit Offenstall
für eine Vierergruppe

Stallzelte und mobile Weideschutzhütten

Anlässlich von Turnieren oder auch zur vorübergehenden Ergänzung der Stallkapazität
bei beengten Stallverhältnissen (z. B. in
Zuchtbetrieben) bieten sich Stallzelte an.
Nur selten sind diese eine Dauerlösung (außer bei Zirkusunternehmen), wobei – auch
für die vorübergehende Aufstellung – die
bauordnungs- und planungsrechtliche Zu-
lässigkeit immer rechtzeitig vor Erstellung
geklärt werden muss. Schließlich bietet der
Fachhandel sehr variable Zeltkonstruktionen für unterschiedliche
Zwecke an.

Gerade als mobiler Weideunterstand eignen sich Zelte (ab
3.000 EURO) oder auch fahrbare Weideschutzhütten (ab 3.500
EURO) besonders gut, wenn die regional nicht einheitlichen Bau-
ordnungs- und Landschaftsschutzgesetze beachtet werden.

Offenstallbau

Offenställe in Flachdachkonstruktion können entweder über den
Handel gekauft und vor Ort durch Handwerker fertig erstellt oder
kostengünstiger selbst gebaut werden.

Die Abbildungen (oben und unten) zeigen einen Gruppen-
auslauf-Offenstall aus der Anlage des Verfassers. Der Stall besteht
aus drei Funktionsbereichen: separater Liegebereich (Fläche 40 qm)
und Fressstände (Breite 0,80 m, Tiefe 3,20 m) in Parallelanordnung (vergleiche Zeichnung S. 44) sowie Futterlager für vier
mittelgroße Pferde. In mehreren solcher Offenställe, die direkt

Zweckmäßigerweise
besteht der Offenstall
aus einem Liegebe-
reich und frei zugäng-
lichen separaten
Fressständen

mit Sandauslauf (Fläche 200 qm) und Wei-
dekoppeln verbunden sind, werden jeweils
vier Pferde (stets zwei Fjord- und zwei Voll-
blutaraberstuten) als Kleingruppe gehalten.

Die Bauweise ist betont einfach, aber
zweckmäßig und robust. Ein solcher Stall
lässt sich vollständig in Selbsthilfe erstellen.
Das verwendete Holz ist werkseitig kessel-
druckimprägniert, die Flachdacheindeckung
besteht aus unisolierten asbestfreien Faser-
zement-Wellplatten.

In einer zweckmäßig gebauten und sorgfältig gepflegten Offenstallanlage können sowohl Nord- als auch Südpferde auch im Winter robust leben

Beispiel Flachdachoffenstall für 4 Pferde (Materialmenge und -kosten)

Bauteil	Material	Menge	Kosten in EURO
Fundamente, Böden, Fressbereich, Lager und Eingangsbereich	Beton (Mischung etwa 4:1 = 4 Teile Kies der Körnung 0-32 mm : 1 Teil Zement)	7 cbm	400
Kanthölzer	kesseldruckimprägniert	200 lfdm	1300
Wände	Nut- und Federbretter	150 qm	1300
Fressstandabtrennungen und Futterkästen	kesseldruckimprägnierte Kanthölzer 12 x 10 cm, kesseldruckimprägnierte Gartenzaunelemente als Gitteraufsätze sowie wasserfest verleimte Spanplatten, 4 cm starke Holzbohlen für Futterkästen	4 Fressstände	1400
Dacheindeckung	Faserzementwellplatten à 3,10 m Länge	100 qm	2500
Zubehör	Lochplattenwinkel, Nägel, Schrauben		300
Elektroinstallation	Beleuchtung, Leitungen 3 x 1,5 qmm	10 Stück	200
Bodenaufbereitung im Liegebereich	Aushub, Kies- und Mauersandauffüllung plus Sägespäne	8 cbm	300
Insgesamt			7800

Einen Brunnen baut man durch Einschlagen von Rohren in den Boden mit Hilfe eines elektrisch betriebenen Rammgerätes

▶ Fütterungs- und Tränkeinrichtungen

Grundsätzlich gilt für Fütterungseinrichtungen, dass Bodenfütterung (z. B. mit Fressgitter und Futtertisch) immer vorzuziehen ist, weil dies den anatomischen Verhältnissen bei Pferden am besten entspricht. Auch Fütterungsautomaten für Krippenfutter können – zusätzlich zu trotzdem immer erforderlicher regelmäßiger menschlicher Kontrolle und Betreuung – z. B. zur Dosierung von Heucobs und Kraftfutterpellets, in Fressständen oder Boxen eingesetzt werden. Eine flächendeckende Computerfütterung allerdings, wie sie bei Mastschweinen u. ä. Nutztieren üblich ist, scheidet für den Bereich der Pferdeversorgung aus.

Tränkeinrichtungen müssen für Pferde stets zugänglich sein, sie sollten sich nach Möglichkeit aber niemals direkt neben dem Fressplatz befinden. Wichtig ist bei der Forderung nach räumlicher Entfernung von Tränke und Futterplatz primär die ernährungsphysiologische Konsequenz: Liegt nämlich die Tränke sehr nahe beim Fressplatz (also in der Box neben der Krippe oder vorn in einem Fressstand), neigen Pferde dazu, besonders Kraftfutter portionsweise durch sofortiges Trinken einzuschlämmen. Das führt dann zu einem kolikauslösenden Wegschwemmen des Kraftfutters vom Magen in den Dünndarm. Bester Tränkplatz einer Offenstallanlage ist eine Ecke des Auslaufs oder bei Laufställen (Boxen) die der Krippe gegenüberliegende Stallseite bzw. -ecke. Arbeitssparend ist, wenn Tränken frostfrei installiert werden.

Wasserleitungen können bevorzugt aus flexiblem PE-Rohr frostsicher in mindestens 60 cm tiefen Rohrgräben verlegt werden

▶ Auslaufgestaltung

»Auslauf« bedeutet nichts anderes als ein dem Stall angegliedertes, immer völlig vegetationsfreies Areal, in dem sich Pferde alleine, z. B. im Paddock (= Kleinauslauf) einer Box, oder in der Gruppe, z. B. im Auslauf einer Gruppenauslaufhaltung, grundsätzlich ohne Futteraufnahme im Freien bewegen können. Der natürlichste Auslauf ist eigentlich die Weide, denn sie bietet ausschließlich auf der Weide gehaltenen Pferden reichlich Bewegung, Sozialkontakte und artgerechtes Futtersuchen an frischer Luft.

Bei Aufzuchtpferden, die z. B. auf großen Extensivweideflächen mit Weideschutzhütte ganzjährig oder nur im Sommer gehalten werden, ist ein separat eingegrenztes Auslaufareal um die Weideschutzhütte herum grundsätzlich entbehrlich. Doch auch bei ausschließlicher Weidehaltung kann zur Pferdepflege oder zur Separierung eines Pferdes bei Krankheit oder zur Vermeidung des »Überfressens«, besonders zu Beginn der Vegetationszeit, ein vegetationsfreier Auslauf, z. B. mit einer Sandtretschicht, durchaus sinnvoll sein.

Für alle anderen Pferde, die aus Konditionierungsgründen oder weil zu wenig Weide vorhanden ist, täglich in der Vegetationszeit nur stundenweise auf der Weide gehalten werden, sollte – vor allem auch für die Zeit der Weidesperrung im Winter – ein geeignetes Areal außerhalb des Stalles zur freien Bewegung vorhanden sein.

Nach dem Verwendungszweck können künstliche Ausläufe unterteilt werden in Ganzjahres-Kombinationsausläufe, die Reitplatz- und Auslauffunktionen gemeinsam erfüllen; Ganzjahres-Gemeinschaftsausläufe zum stundenweisen Zusammenlaufenlassen der Pferde einer Boxenhaltung; Ganzjahres-Einzelausläufe (Paddocks) einer Boxenhaltung sowie Ganzjahres-Gemeinschaftsausläufe einer Gruppenauslaufhaltung, die mit dem Offenstall direkt verbunden sind.

Fjord-/Vollblut-araber-Gruppe im Sandauslauf

Pferde brauchen täglich freie Wälzmöglichkeit auf weichem Boden. Nach dem Absatteln wälzen sich Pferde besonders gern, wie hier eine Isländergruppe

Unberechtigte Einwände gegen die Auslaufhaltung

Gelegentlich ist in etablierten Reiterkreisen zu hören, dass sportlich stark geforderte Pferde am besten im geschlossenen Stall aufgehoben seien, da sie dort in Ruhe regenerieren könnten und im übrigen ihr Bewegungsbedürfnis bereits durch die Tagesreitleistung ausreichend befriedigt sei. Diese Begründung solcher Einwände übersieht, dass das Eigenbewegungsverhalten des Pferdes sich erheblich von der Arbeitsbewegung unterscheidet. Ergebnisse tiermedizinischer und verhaltenskundlicher Untersuchungen zeigen, dass das tägliche Bewegen unter dem Sattel oder im Gespann – im Durchschnitt bei den meisten Boxenpferden nur unter einer Stunde täglich – völlig unzureichend ist.

Oft ist von Gegnern der Auslaufhaltung auch zu hören, das Pferd »stehe sowieso die meiste Zeit nur unnütz im Auslauf herum«, habe also kaum Eigenbewegungsdrang. Das mag manchmal so sein, aber Eigenbewegung beinhaltet nicht in erster Linie heftige Galoppaden oder quirliges Herumtoben, sondern äußert sich – insbesondere bei täglich sportlich schon stark geforderten Pferden – vornehmlich in selbstbestimmter Schritt- und Erkundungsbewegung sowie zeitweise auch lediglich im sehr wichtigen, weil entspannenden Zusammenstehen mit anderen Pferden (ohne trennende Gitterstäbe) als Ausdruck des herdentiertypischen sozialen Bedürfnisses nach einem »Zusammensein« mit Artgenossen. Völlig unverständlich sind Einwände von manchen Reitern mit Dressurambition, die befürchten, dass ihr Dressurpferd »an Tritt« verliert und nicht mehr akzentuiert in der Bahn läuft, wenn es vorher freien Auslauf bekommt. Richtig besehen wird in solchen Fällen vermutlich die natürliche Gangveranlagung bei diesen Pferden nicht besonders ausgeprägt sein, wenn jede freie Bewegung angeblich bereits zu Mängeln bei der Bahnarbeit führt!

Für ein flüssig, taktrein gehendes Dressurpferd oder auch für jedes andere Reitpferd ist eine spannungsfreie Muskulatur unverzichtbar. Während sie beim nur stallgehaltenen Pferd erst über längeres, wenigstens zwanzigminütiges schonendes »Warmreiten« erreicht werden kann (was manchen Reitern schon zu lange dauert), sind Pferde aus Auslaufhaltung durch täglich mehrstündige natürliche Gymnastizierung erheblich leistungsfähiger – und bereits nach kurzer »Aufwärmzeit« leistungsbereit. Insgesamt wird also eine bessere Gymnastizierung, Konditionierung und Stoffwechselförderung durch Auslaufhaltung erreicht und beibehalten.

Reitpferde aus Auslaufhaltung sind durchweg ausgeglichener und besser gymnastiziert als Stallpferde; freie Bewegungsmöglichkeit sorgt für eine natürliche Grundkondition

Auslaufbau

Die Lage des Auslaufs wählt man vorzugsweise dort, wo »etwas los ist«, Umweltreize aufgenommen werden können und arttypische Neugier der Pferde geweckt und befriedigt wird. Falls die örtlichen Voraussetzungen dies zulassen, rechnet man als Auslauffläche für jedes gehaltene mittelgroße Pferd mit 200 qm – wenigstens aber mit 50 qm. Für eine typische Gruppenauslaufhaltung mit zwei bis vier Pferden ergibt sich eine ideale Auslauffläche von rund 800 qm, also z. B. ein Rechteck mit den Maßen 20 x 40 m. Das Maß 20 x 40 m entspricht auch der Normalgröße eines Reitplatzes. Wenn der Auslauf auch für Reitzwecke, für die Bodenarbeit oder z. B. für das Einfahren von Pferden genutzt werden soll, empfiehlt es sich, ihn gleich um einen 20 x 10 m großen ausschließlichen Auslaufteil zu erweitern, was eine Gesamtfläche von 20 x 50 m = 1.000 qm ergäbe.

Dann kann bei Gruppenhaltung der Rest der Gruppe während der Reitzeit auch in dem 20 x 10 m großen Teil separiert werden. Man erhält so einen Vor-Auslauf als Kernruhebereich. Unabhängig von der Größe des Auslaufs oder des Reitplatzes ist es immer sinnvoll, die Fläche so anzulegen, dass mit mobilen Zaunelementen (vorzugsweise E-Zaun, aber auch z. B. Stahl-panels) kurzfristig ohne großen Aufwand eine Unterteilung hergestellt werden kann, um die Fläche unterschiedlich nutzen zu können, z. B. als Longierzirkel und Reitplatz oder um einzelne Pferde (z. B. Gastpferde oder neu erworbene Pferde) separieren zu können. Normal ist auch, dass ein einzelnes Pferd aus einer Auslauf-Gruppe zur Arbeit herausgenommen wird. Wenn es dann

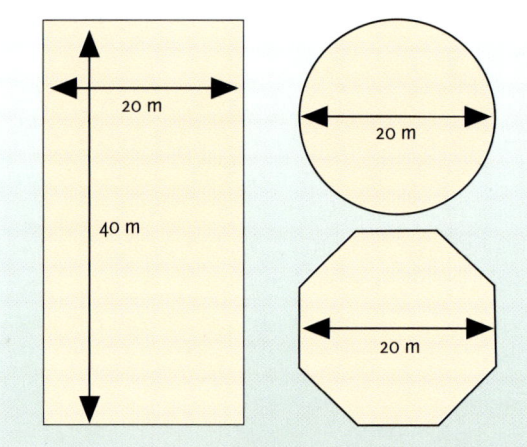

Zweckmäßige Reit- und Longierplätze

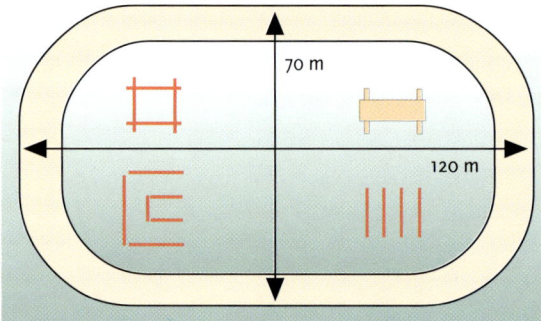

Mehrzweckplätze: Ideal für Gangpferde-training und das Ein-fahren von Gespann-pferden; im Innenteil Gelände-, Spring- oder Trailparcours

ruhebedürftig nach einiger Zeit zurückkommt, »stürzt« sich der daheim gebliebene Rest der Gruppe neugierig schnüffelnd auf den »abgekämpften« Vierbeiner. Bei Separierungsmöglichkeit durch eine einfache E-Zaun-Absperrung kann dieser Vierbeiner erst einmal genüsslich und in Ruhe wälzen und entspannen.

Vor-Auslauf als Schleuse

Wird in einem Vor-Auslauf eine überdachte Raufe aufgestellt, kann beispielsweise der heimgekehrte Vierbeiner nach einer Verschnaufpause auch in einer Gruppenauslaufhaltung alleine gefüttert werden. Bewährt haben sich für alle Auslaufarten stabile, überdachte Raufutterraufen aus verzinkten Rohren, die auf einem flächenbefestigten Teil des Auslaufs aufgestellt werden. Bei Pferden muss der Auflageboden der Raufe für Raufutter erhöht sein (auf etwa 25 % der Widerristhöhe über Standniveau).

Schließlich hat sich solch ein Vor-Auslauf auch als »Schleuse« bewährt, wenn Pferde von nicht ganz so erfahrenen, ungeschickten oder auch behinderten Reitern (z. B. Kindern und Jugendlichen in Therapieeinrichtungen) aus einer Pferdegruppe herausgeholt oder zurückgebracht werden. Nicht selten drängen neugierige Pferde aus der Gruppe nach, sie wollen auf Entdeckungsreise gehen! Ohne eine Schleuse wären die Ausbruch- und Unfallgefahren sowie unnötige Ängste durch aufkommende Hektik in solchen Fällen erheblich größer oder es müssten z. B. bei Kindern stets zwei Personen anwesend sein.

Zur Oberflächen-Entwässerung müssen Drainagerohre mit Gefälle in den Untergrund verlegt werden und das Wasser zu einer Sammelleitung führen

Tiefgründiger Weide- oder Auslaufmatsch mit Kot- und Urinkontamination ist als ständiger Untergrund ohne Ausweichmöglichkeiten ebenso gesundheitsgefährlich wie eine ungepflegte Stalleinstreu

Künstliche Tretschicht

Wichtig ist die Benutzbarkeit von Ausläufen unter allen Witterungsbedingungen, d. h., eine schnelle Abführung des Oberflächenwassers muss gewährleistet sein. Der vorhandene Naturboden sollte für Dauer-(= Ganzjahres-)Ausläufe und -Reitplätze abgetragen werden, denn er eignet sich auf Dauer in der Regel weder als oberste Tretschicht (das gibt den berühmten »Matschplatz«) noch als Tragschicht für eine aus anderen Materialien bestehende, darauf aufzubringende neue Tretschicht. Nur bei Verwendung moderner, industriell hergestellter Gummi- bzw. Kunststoffelemente (»Oberbau-System«), die eine Kombination von Trag- und Trennschicht darstellen, kann der gewachsene Naturboden als Untergrund ausreichen.

Schließlich spielen auch Pflegeaufwand und damit zusammenhängende Hygieneaspekte eine entscheidende Rolle, weshalb der Auslauf auch das tägliche Absammeln des Pferdekots nicht unnötig durch untaugliches Tretschichtmaterial erschweren sollte (z. B. sind Kiesel, die gelegentlich empfohlen werden, als Hauptauslauffläche völlig ungeeignet). Für Auslaufflächen in Stallnähe empfiehlt sich Befestigung durch Beton oder Pflasterung. Enge Paddocks müssen stets komplett befestigt werden, um Wälzen und damit verbundene Zaunkollisionen zu verhindern. Sand ist für enge Paddocks deshalb ungeeignet.

Matschauslauf

Da bei Vermatschung noch genügend keimfähiges Material in einem naturbelassenen Auslaufboden enthalten ist, wachsen nach einiger Zeit sehr widerstandsfähige Gräser (u. a. Quecken) – auch bei nur dünner Sandaufschüttung auf Naturboden – wieder durch.

Diese Gräser werden von den Pferden tiefgründig abgenagt mit der Folge, dass die Vierbeiner damit gleichzeitig unvermeidbar große Mengen Erde bzw. Sand aufnehmen. Das summiert sich bis zu einigen Kilogramm im Darm! Hierdurch sind Krankheiten des Verdauungstraktes, mindestens Durchfälle, aber auch gefährliche Sandkoliken u. ä., vorprogrammiert. Jede Vegetation im Auslauf selbst, aber auch an den Rändern, ist deshalb auszumerzen oder bereits bei Anlage eines schon deshalb erforderlichen künstlichen Auslaufbodens durch Abtragen der Humusschicht zu verhindern.

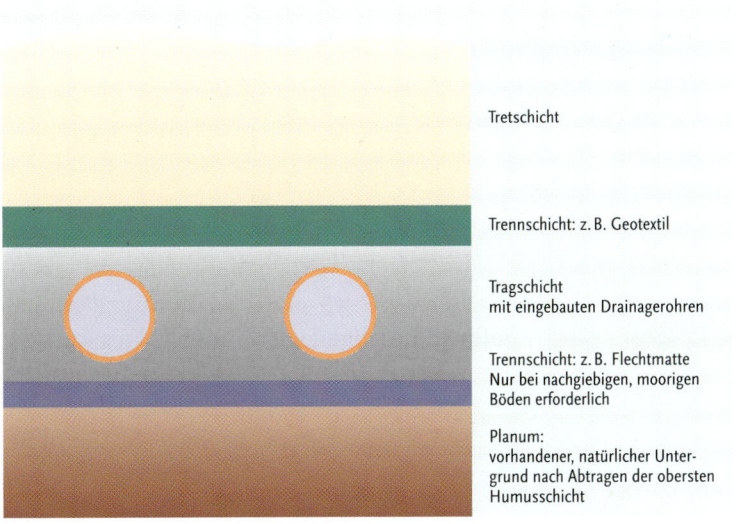

Tretschicht

Trennschicht: z. B. Geotextil

Tragschicht
mit eingebauten Drainagerohren

Trennschicht: z. B. Flechtmatte
Nur bei nachgiebigen, moorigen
Böden erforderlich

Planum:
vorhandener, natürlicher Untergrund nach Abtragen der obersten Humusschicht

Bodenaufbauprinzip für einen Außenreitplatz oder Ganzjahres-Auslauf

► **Gruppenhaltung**

Der Mindest-Liege-
raumbedarf für jedes
in einer Offenstall-
Gruppe gehaltene
Pferd wird wie folgt
berechnet: doppelte
durchschnittliche
Widerristhöhe der ein-
zustellenden Pferde
zum Quadrat. Für
einen Gruppenlaufstall
mit integrierten Fress-
ständen und nicht
ständigem Zugang
zum Auslauf gilt je
Pferd: drei mal die
Widerristhöhe zum
Quadrat. Als Richtmaß
für die Deckenhöhe
gilt: mindestens 1,5
mal Widerristhöhe.

Imprägnierte Grund-
kanthölzer verhindern
ein Wegdriften der
Sandtretschicht

Sand als Tretschicht

Sand unterschiedlicher Körnung ist als Auslauftretschicht, aber auch für einen Reitplatz, gut geeignet. Je nach Örtlichkeit und Sandqualität kann es erforderlich sein, den Sand mit so genannten Zuschlagstoffen zu vermischen, um Tiefgründigkeit zu vermeiden. Zuschlagstoffe zu Sand haben auch die Aufgabe, die Tretschicht aufzulockern, ohne sich mit ihr zu verbinden und die zur Entwässerung notwendige Kapillarwirkung zu stören sowie die Elastizität zu fördern und sowohl (bei Ausläufen) die Auskühlung zu bremsen als auch durch günstigeres Wasserhaltevermögen im Sommer die Staubentwicklung zu hemmen.

Als ergänzende Zuschlagstoffe sind z. B. Einstreu-Sägespäne oder spezielle (ungiftige) Siebgut-, Gatter- und Hackspäne geeignet. Damit können sich ergebende ungünstige Wirkungen reiner Sandaufschüttungen durchaus auch später noch abgemildert und weitgehend beseitigt werden. Ratsam ist, vor Ort auf kleiner Fläche zum Test solcher Bodengemische eine Probemischung herzustellen. So kann das Material für die eigenen Ansprüche geprüft werden.

Es können z. B. fünf Raumteile Sand (Körnung 0,2 bis 3 mm) mit vier Raumteilen Nadelholz-Gatterspänen (0,2 bis 4 mm) gemischt eine passable Tretschicht ergeben. Gehäckseltes Wurzelholz (0 bis 40 mm), im Verhältnis 50:50 mit Sand gemischt,

ergibt für Außenplätze bei entsprechender Pflege eine relativ hohe Haltbarkeit. In Hallen kann ein Tretschichtgemisch auch aus einem erheblich größeren Holzanteil (bis 2/3 Weichholzspäne) bestehen, weil dort die Verrottungsgefahr geringer ist.

Ungeeignet zum Untermischen sind Abfall- oder Recyclingmaterialien (Altholz), da Schadstoffe und Beimengungen von Fremdkörpern (Farb- und Metallreste, Nägel) enthalten sein können, ebenso wie jedwede Rindenmulchmischungen und Ziergehölze sowie die meisten Laubbaum-Harthölzer (z. B. Buchen- und Eichenholz, Schreddermaterial von Alleebäumen, Autobahnanpflanzungen oder aus Parkanlagen).

Eignung von Materialien als Tretschicht für Ausläufe

Material	Verwendung	Vorteile	Nachteile	Eignung
Gewachsener Boden	–	–	vermatscht	ungeeignet
Weichholz-Hackschnitzel	im Lauf-, Wälz- und Liegebereich	liegefreundlich, kostengünstig	Verrottung: nach drei bis fünf Jahren Austausch; sehr pflegeaufwendig	geeignet
Siebgut- und Gatterspäne	als 50 %ige Beimischung zu Sand	elastisch	Verrottung, pflegeaufwendig	geeignet als Zuschlagstoff
Rindenmulch	–	–	unhygienisch, Vergiftungsgefahr	ungeeignet
Splitt	im Laufbereich	wasserdurchlässig	große Körnung, ist scharfkantig, reine Splittflächen sind bewegungshemmend	geeignet als Zuschlagstoff für lehmhaltigen Sand
Kies oder Rundkiesel	–	–	bewegungshemmend, pflegeaufwendig	ungeeignet
Lava	im Laufbereich	fest, aber wasserdurchlässig	nicht sehr wälzfreundlich	geeignet
Sand	überall	wasserdurchlässig, pflegefreundlich	Staubentwicklung	geeignet
Sägespäne	überall im Gemisch mit Sand	weich und elastisch	Verrottung	geeignet als Zuschlagstoff
Beton oder Pflaster	vor dem Stall oder für enge Paddocks	dauerhaft	ohne Unterbau frostempfindlich	geeignet
Gummirecyclingpflaster	vor dem Stall, für Paddocks	beinfreundlich	hoher qm-Preis (ca. 35 EURO)	geeignet

▶ Weideanlage

Für jede Pferdehaltung sind Grünlandflächen wenigstens zur Teilversorgung während der Vegetationszeit von Mai bis November obligatorisch. Kann man als Pferdehalter Weiden kaufen oder pachten, die von Landwirten zur Milchviehhaltung genutzt wurden, dann

Weißklee bereichert das Grünfutter, ist aber auf Pferdeweiden unerwünscht, weil er sich zu stark verbreitet und bei Kurznarbigkeit Gräser verdrängt (Durchfall- und Hufrehegefahr)

wird man in der Regel akzeptables Land bekommen. Vorsicht ist ratsam, wenn Wiesen zum Kauf oder zur Pacht angeboten werden. Unter Wiesen versteht man im Gegensatz zu Weiden solche Grünlandflächen, die lediglich zur Grünfutter- oder Heugewinnung gemäht werden. Meist sind sie auf Grund starker Bodenfeuchte nicht ganzjährig beweidungsfähig – und Pferde verwandeln solche Flächen im Frühjahr und Herbst in eine Matschwüste, deren Grasnarbe enorm leidet und nach mehreren Weideperioden keine ausgewogene Ernährung mehr

Hahnenfußgewächse sind giftig und wachsen vornehmlich auf feuchten Weiden

Die artenreiche Vegetation einer Kräuter-Grasweide ist die beste Ernährungsgrundlage für Pferde; reine Grasweiden sind zwar für Mastrinder sinnvoll, aber für Pferde ungeeignet

Sauerampfer ist unerwünscht und sollte noch vor der Blüte radikal einschließlich der langen Wurzel ausgegraben oder ausgebohrt werden

Das Weidelgras gehört zu den nährstoffreichsten Gräsern; bei lückiger Grasnarbe ist es als bevorzugtes, schnellwüchsiges Saatgut einzusetzen

sicherstellen kann. Auch Wiesen mit Obstbäumen sind grundsätzlich für eine Pferdehaltung nur bedingt geeignet, weil der Knabberdrang der Pferde die Bäume auf Dauer ruiniert und kaum vermeidbarer Fallobstverzehr im Spätsommer zu Durchfällen, aber auch zu gefährlichen Insektenstichen führen kann. Nur wenn Obstbäume durch sichere Umzäunung geschützt werden und während der Erntereife die Obstwiese gesperrt wird, kann eine zeitweise Nutzung als Weide im Frühjahr sinnvoll sein.

Aufwuchs einer Weide-Neueinsaat nach zwei bis drei Wochen

Aufwuchs einer Weide-Neueinsaat nach vier bis fünf Wochen

Sind Weiden, die man übernehmen könnte, bereits jahrelang durch unkundige Pferdehaltung vernachlässigt und wurde dabei durch Vorbesitzer der Pferdekot nie aufgesammelt sowie die Fläche gar nicht oder unvollständig gedüngt, niemals ordentlich nachgemäht usw., dann handelt es sich um ungeeignete Grünlandflächen. Diese müssen auf Grund der Parasitenverseuchung und des zumeist üppigen Wuchses unerwünschter Kräuter und Leguminosen (Sauerampfer, Hahnenfuß, Weißklee) aufwändig saniert oder umgebrochen und ganz neu angelegt werden. Solche Arbeiten erledigt ein Lohnunternehmer gegen ortsübliche Bezahlung. Er wird auch mit einer Drillmaschine die Einsaat vornehmen. Das Saatgut sollte der Pferdehalter stets selbst besorgen, damit nicht irrtümlich Rindviehsaatmischungen mit – für Pferdeweiden unerwünschten – Kleeanteilen verwendet werden!

Die Pachtpreise für Grünland sind üblicherweise jährlich zu zahlen, sie sind frei vereinbar und richten sich nach der Bodenqualität, dem Bewuchs und der Nachfrage. In Großstadtnähe kann ein Morgen (= 2.500 qm) Weide im Jahr 500 bis 600 EURO kosten. Ackerfähiges Grünland in ländlichen Lagen wird dagegen je Morgen durchschnittlich mit jährlich 150 bis 300 EURO bezahlt. Wenig fruchtbares, weil schnell austrocknendes, meist ziemlich düngeraufwendiges Grünland auf Sandböden oder in unwegsamen Hochlagen kostet demgegenüber jährlich je Morgen nur um 50 EURO. Als Pächter muss der Pferdehalter für die ordnungsgemäße Unterhaltung des Grünlandes und die Instandsetzung der Zäune sorgen. Es gibt bei den Landwirtschaftskammern vorgedruckte Pachtverträge, derer man sich bedienen sollte.

Flächenbedarf und Weideführung

Man rechnet für zwei Großpferde vier Morgen Weideland (= 10.000 qm). Diese Fläche reicht in der Vegetationszeit für täglich mehrstündigen Weidegang und bei günstigen Voraussetzungen (fruchtbarer Boden, gute Frühjahrswachstumsbedingungen) auch für die Ernte des Winterheus im Juni aus. Das sind nur grobe Richtwerte. Unterschieden werden drei Arten der Weideführung:

Bei der Standweide wird den Pferden die Gesamtfläche zum Abgrasen freigegeben. Diese Weideführung ist für Pferde vorteilhaft, weil sie sich großflächig bewegen können und überall nach ihrer Geschmacksvorliebe Futterselektion möglich ist. Nachteilig ist, dass man durch die Freigabe der gesamten Fläche keine reservierte Heufläche mehr zur Verfügung hat und im Laufe der Vegetationszeit sehr viel Aufwuchs zertreten wird, der später als überständiges Grünfutter verfault und ausgemäht werden muss. Da aus Gründen der Parasitenprophylaxe möglichst täglich die Exkremente von Pferdeweiden abgesammelt werden sollten, kommt ein erhöhter Arbeits- und Zeitaufwand hinzu, weil bei der Standweide stets die Gesamtfläche begangen werden muss.

Bei inneren Zaunabtrennungen innerhalb eines ansonsten optimal sicher eingezäunten Areals reicht häufig bereits ein einziges stromführendes Elektrozaun-Breitband aus, um genügend Respekt zu erzielen

Bei der Portionsweide wird täglich nur ein Teil der Gesamtfläche zum Abgrasen freigegeben. Dies geschieht durch einen versetzbaren Elektrozaun. Der Vorteil dieser Weideführung ist, dass man die Grasmenge täglich verhältnismäßig gut portioniert zuteilen kann, wenig hohes Gras zertreten wird und auch die Kotentfernung auf dem abgegrasten Weideteil einfach ist. Sehr nachteilig wirkt es sich aus, wenn die Pferde das zugeteilte Gras gefressen haben und anschließend während der weiteren Grasungszeit die rückwärtigen, bereits abgegrasten Weideflächen noch kürzer »nagen«. Dies führt zu gewaltigen Narbenschäden und übermäßiger Verbreitung des sehr lichthungrigen Weißklees. Dieser führt im Übermaß verzehrt später zu Durchfällen und zur gefährlichen Hufreheerkrankung mit folgender Lahmheit.

Kunststoffweidezaunpfähle mit sog. Hufeisentritt sind für einen »Wanderzaun« zur Weideunterteilung sehr zweckmäßig

Verhindern kann man die Überbeweidung der rückwärtigen Flächen nur durch einen zweiten Wanderzaun, der stets die bereits abgegraste Weidefläche weitgehend absperrt.

Die Umtriebsweide macht erst eine schonende, zweckmäßige und pferdegerechte Weideführung möglich. Hierbei wird die Gesamtfläche in einzelne Koppeln eingeteilt. Diese Koppeln sollten durch einen zentralen Laufgang mit Stall und Auslauf verbunden sein, denn dies vereinfacht die Haltung. Ist eine Koppel abgegrast, wird diese sowohl gesäubert als auch nachgemäht, den Pferden wird die nächste Koppel zugeteilt. Bei sehr großen Koppeln oder hohem Grasbewuchs kann innerhalb einer Koppel nochmals mit Wanderzaun das Gras portioniert werden.

Umstellung auf Weidegang

Im Frühjahr muss sich die Darmflora des Verdauungstrakts auf üppig-frisches Weidefutter umstellen. Dazu benötigen Pferde drei Wochen. Sie sollten allmählich, d.h. beginnend mit täglich einer halben Stunde Weidegang, unter Beibehaltung der gewohnten Heufütterung daran gewöhnt werden. Geschieht dies nicht, kann es zu teils dramatischen Durchfällen und der Gefahr von Hufreheerkrankung kommen.

Vollblutaraber-Stuten auf der Koppel

► Tore und Zäune

Weiden und auch Ausläufe müssen stets, Reitplätze können eingezäunt werden. Als Allround-Zaunsystem zur Außenumzäunung hat sich der Holzzaun mit Elektrozaunabsicherung bewährt, bestehend aus drei Reihen E-Zaunband oder E-Draht verbunden mit einem schlagstarken E-Zaungerät. Üblich bei Außenzäunen sind Pfahlabstände von 2,50 bis 3,00 m. Als Faustregel für die Zaunhöhe gilt: Entweder Widerristhöhe oder – bei ruhigen Pferden – 10 bis 20 Prozent niedriger. Werden Reitplätze eingezäunt, ist es ratsam, den Zaun auch mit E-Zaunabsicherung zu installieren, wenn der Reitplatz gelegentlich als Auslauf genutzt wird. Zweckmäßig ist in diesem Fall aber die Anbringung eines E-Zaun-Ausschalters am Eingangstor des Platzes, damit während des Reitens der E-Zaun abgeschaltet werden kann. Bei leichten Zaunberührungen, die beim Reiten nie auszuschließen sind, würde andernfalls das Pferd verständlicherweise heftig reagieren.

Zaun- und Auslaufpfähle an Ecken oder Toren sind bevorzugt einzubetonieren

Koppelanlage für die gemeinsame Haltung von Pferden und Schafen mit Elektroband und teils stromführendem Knotengitter

Tore zu Weiden, Reitplätzen oder Ausläufen müssen einfach und ungefährlich zu öffnen und zu schließen sein. Dabei ist z. B. in Pensionsbetrieben oder Haltergemeinschaften auch an weniger Geübte zu denken, die Pferde von der Weide oder aus einem Auslauf holen bzw. zurückbringen oder einen Reitplatz benutzen. Deshalb ist zur Vermeidung von unliebsamen Ausbrüchen die Einrichtung eines Vorraums als »Schleuse« ratsam. Insbesondere sollten Weide- und Auslaufeingänge, die an öffentliche Straßen und Wege grenzen, aus Sicherheitsgründen mit einer Schleuse versehen sein (siehe hierzu auch Seite 57).

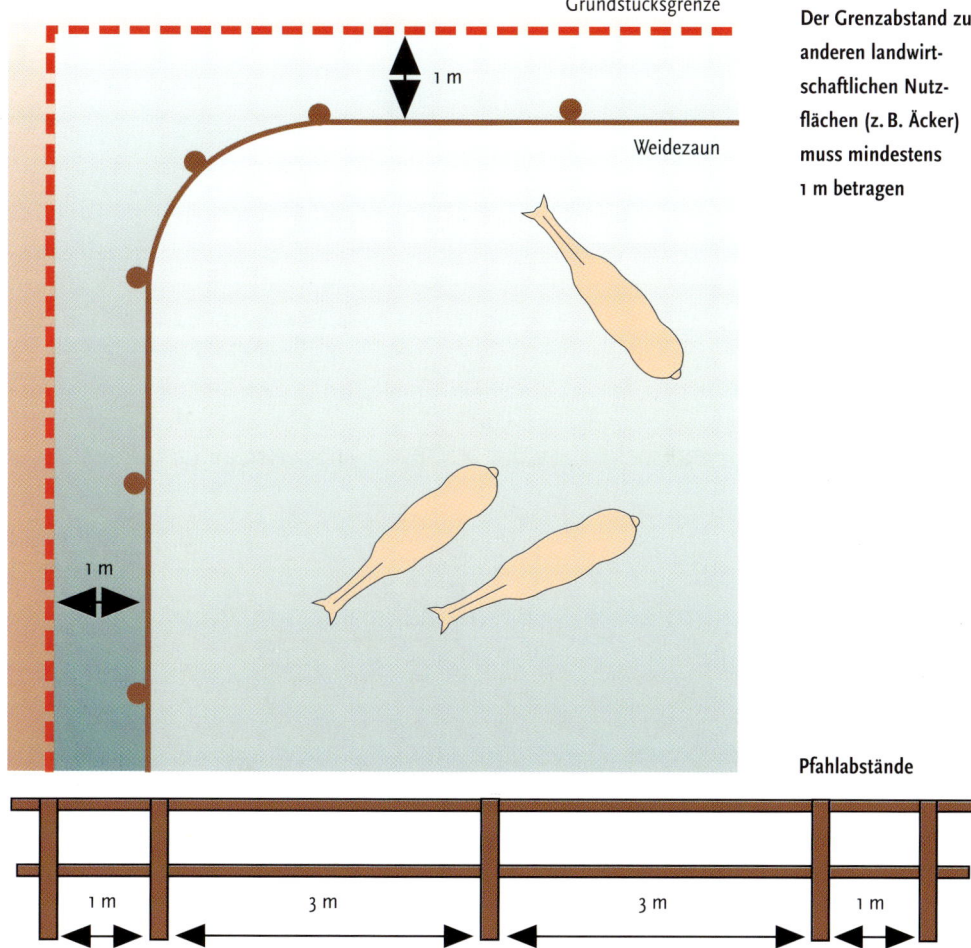

Grundstücksgrenze

1 m

Weidezaun

1 m

Pfahlabstände

1 m   3 m   3 m   1 m

Der Grenzabstand zu anderen landwirtschaftlichen Nutzflächen (z. B. Äcker) muss mindestens 1 m betragen

Holzzaun (innen E-Draht) mit einem oberen Halbholz und mittig angebrachten sog. Bonanza-Brettern

Moderne Elektroweidezaun-Installation (Isolatoren mit Metallplatten)

Für Tore sind stabile Aufhängungen (Torbänder) und sichere Verschlüsse notwendig. Bewährt haben sich sowohl leichtlaufende Schiebetore (Rollen in U-Stahlprofilen) als auch Pendeltore aus verzinkten Stahlrohren in unterschiedlichen Breiten. Wo Maschinendurchfahrt erforderlich ist, empfiehlt sich eine Breite von 3,50 m. Auch aus Holzstangen sind im Eigenbau zweckmä-

Breitband ab 40 mm mit eingewebten Kupferdrähten, verlegt auf »Quetsch-Isolatoren«, ist langlebig und wird dreireihig als Außenzaun gut respektiert

Um einzelne Koppeln oder einen Reitplatz mit Zaunstrom zu versorgen oder abzuschalten, haben sich Unterbrechungsschalter bewährt

ßige Tore herstellbar. Zudem bietet der Handel sehr dekorative Holztore an, die allerdings immer zusätzlich durch E-Zaun-Installation gesichert werden sollten. Die Verwendung handelsüblicher Zugfeder-Spiralen als E-Zaun-Tor oder als Absperrung kann zu schlimmen Unfällen führen. Solches Zubehör scheidet deshalb für den Pferdebereich aus. Es empfiehlt sich, für schmale Ein- und Ausgänge mindestens Schubkarrenbreite vorzusehen (ca. 80 cm) oder gleich eine Breite einzuplanen, die auch als

Besonders empfehlenswert, weil schlagstark und hütesicher, sind E-Zaungeräte (Impulsenergie > 5 Joule) mit Netzanschluss

Durchlass für ein Pferd geeignet ist. Dazu ist eine Durchlassbreite von 1,20 m erforderlich.

Als Personenschleuse sieht man gelegentlich schmale Zaunöffnungen (25 cm breit). Sie ersparen zwar beim Begehen eines Auslaufs oder einer Weide das Öffnen und Schließen größerer Tore, können aber nur mit Vorbehalt empfohlen werden, weil aus der Praxis in Einzelfällen bei Nachgiebigkeit von Pfosten über Unfälle (Einquetschungen von Pferden, die versuchten, diese Schleuse zu benutzen) berichtet wurde. Bei E-Zaun-Abschirmung sind solche Durchlässe stets mit Torgriffen zu versehen.

MERKE Stacheldraht ist für Pferde gerichtlich verboten worden; vorhandene Einzäunungen müssen innen (auf Abstand!) mit einem separaten Zaun (z. B. E-Zaun) sicher abgeschirmt werden.

Schubriegel (sog. Schweinestallriegel) mit einem verdeckt angebrachten Sicherungs-Sperrhebel, den Pferde nicht öffnen können, eignen sich gut als Tür- oder Torverschluss für Stall und Weide

Pferd und Mensch im Arbeitsalltag

In allen Lebensbereichen ist der Trend zur Vereinfachung heute erkennbar. Zu verständlich ist deshalb, dass viel getüftelt wurde, um auch den Aufwand für die Pferdehaltung zu reduzieren. Das ist zu begrüßen, wenn sich dies in erster Linie im Sinne des Pferdes und seiner Bedürfnisse, aber letztlich auch als Gewinn für den Halter auswirkt. Moderne, beheizbare Selbsttränken oder ausgeklügelte, hütesichere Elektrozaun- und Alarmsysteme sind z. B. eine willkommene Arbeitserleichterung. Doch die aus der Nutztierhaltung entlehnte Computerfütterung oder die zwar arbeitssparende, aber ungesunde Tiefstalleinstreu sind dagegen ganz oder teilweise indiskutabel. Anpreisungen, mit denen Neuerungen als Garant »problemloser« Haltung dargestellt werden, verkennen, dass es problemlose Tierhaltung nicht gibt! Die Problemlosigkeit offenbart sich bei genauem Hinsehen als Verwahrlosung. Gänzlich ohne Fleiß, schweißtreibende Arbeit und Pflegeaufwand lässt sich eben kein Pferd artgemäß halten. Zu raten ist: Das Für und Wider einer Pferdehaltung sollte reiflich gegeneinander abgewogen werden!

Die *Last* und die *Lust*

74 ▸ Zeitaufwand

75 ▸ Pferde richtig
     füttern

80 ▸ Weidefütterung

84 ▸ Stallfütterung

88 ▸ Stall einstreuen

95 ▸ Weide bewirt-
     schaften

98 ▸ Pferde pflegen

**Eine durch Einzel-
paddocks modifizierte
Boxenhaltung be-
friedigt wichtige
Grundbedürfnisse
von Reitpferden**

▸ Zeitaufwand

Abhängig von Örtlichkeit, Haltungsform und nicht zuletzt den persönlichen Ansprüchen gleicht keine Pferdehaltung einer anderen. Zum Vergleich des Zeitaufwandes für die reine Haltungsarbeit können als Maßstab deshalb nur empirisch erhobene Mittelwerte zu Grunde gelegt werden. Mit 90 Minuten täglich im Jahresdurchschnitt für zwei mittelgroße Pferde ergibt sich bei einer privaten Offenstallhaltung ein um 50 % erhöhter Zeitbedarf gegenüber einer ausschließlichen oder geringfügig modifizierten Boxenhaltung, für die 60 Minuten täglich anzusetzen sind.

Diese Unterschiede resultieren primär aus der stark differierenden Größe des jeweiligen Haltungsareals. So sind Weidepflege, Unterhaltungsarbeiten sowie Mistabsammeln in Offenstall, Auslauf und Koppeln wegen der Flächenausdehnung zeitaufwendiger als Boxenreinigung.

Neben den genannten typischen Haltungsarbeiten muss allerdings bei der Boxenhaltung der Faktor »Bewegen« zur Vollständigkeit des Vergleichs herangezogen werden. Dieser Faktor entfällt bei Offenstall-

Boxen, vor allem solche ohne Paddock, bedürfen mehrmals täglicher Einstreupflege, um hygienisch erträglich und in diesem Punkt einigermaßen pferdegerecht zu sein

haltung, denn die Pferde bewegen sich bei Offenstallhaltung täglich selbst. Es besteht jedenfalls kein zusätzlicher täglicher Zwang – wie bei der Boxenhaltung – zum Reiten, Longieren oder stundenweisen Freilaufenlassen außerhalb des Stalles. Damit also der Vergleich stimmt, muss der Faktor »Bewegen« berücksichtigt werden. Dadurch ergibt sich dann für die Offenstallhaltung ein Zeitvorteil und vor allem auch eine weniger starke zeitliche Bindung, denn der Pferdehalter hat bei Abwesenheit »kein schlechtes Gewissen«, dass sein Pferd nun schon zig Stunden ziemlich öde im Stall herumsteht!

▶ Pferde richtig füttern

Wilde Pferde ernähren sich in der Natur zu jeder Jahreszeit von allen Pflanzen und Pflanzenteilen, die sie vorfinden und die ihnen schmecken.

Würzige Gräser und Kräuter, aber auch angewelkte, vertrocknete oder gefrorene Pflanzen, Laub, Reisig, Strauch- und Baumteile sowie Samen und Früchte stehen auf ihrem Speiseplan – niemals allerdings verdorbenes oder gar mit Exkrementen verunreinigtes Futter. Pferde sind Vegetarier, keine Allesfresser – und keinesfalls »Abfalleimer«.

► **Sachkunde-Nachweis**

Verbände (u. a. FN, VFD) bieten Lehrgänge mit anschließender Prüfung zum Sachkunde-Nachweis an. Zur Fütterung muss man dazu wissen: Berechnung von Futterrationen, Beurteilung von Futtermitteln und Futterzustand eines Pferdes, Kenntnisse der Verdauungsvorgänge und die wichtigsten Giftpflanzen.

Bäche bzw. sog. Vorfluter eignen sich auf Grund mangelhafter Wasserqualität heute selten als Tränke. Wird dort aber eine Tränke vorgesehen, so muss durch eine feste Einzäunung der gesamten Tränkstelle die Uferzone geschützt werden

Um satt zu werden, bewegen sich frei lebende Pferde täglich 12 bis 16 Stunden zur Futtersuche gemächlich im Schritt. Dabei selektieren sie das Futter mit Tasthaaren, Lippen und den Geschmacksnerven der Zunge auf tauglich oder untauglich und kauen stundenlang stets kleine Portionen. Auch nachts sind Fresspausen von mehr als vier Stunden selten. Auch Wasser muss das Pferd täglich beliebig viel trinken können. Wasser enthält zwar keine Nährstoffe, ist aber lebenswichtiges Lösungsmittel im Stoffwechsel. Ohne Wasser kein Leben! Es wird nicht ständig, son-

PE-Kunststoffrohre dienen als flexible Wasserleitungen

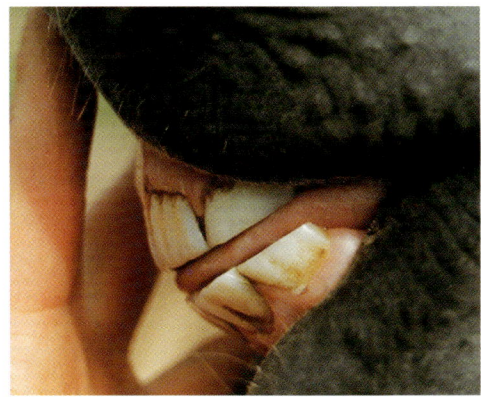 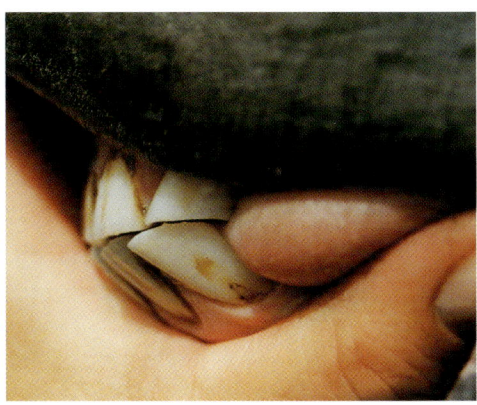

Normale Schneidezahnstellung (senkrecht übereinander) bei einem fünfjährigen Pferd

Spitzwinklige Schneidezahnstellung bei über 20-jährigen Pferden

dern nur zwei- bis dreimal täglich nach dem Fressen getrunken. Der Tagesbedarf mittelgroßer Pferde beträgt durchschnittlich 20 bis 40 Liter. Das Pferd ist also – anders als der Mensch oder der Hund – ein »Dauerfresser«, aber kein »Dauertrinker«.

Bereits vor Jahrhunderten wurden diese Ansprüche sehr ernst genommen. So heißt es in der »Hausväterschrift« von 1616: »Das Pferd muss fleißig gewartet werden«. Dementsprechend erhielten Pferde auch bei Stallfütterung rund um die Uhr ihr Futter, um fünf Uhr morgens die erste Ration, gefolgt von vier Zwischenfütterungen tags und abends und der letzten Ration gegen Mitternacht. So vermied man Koliken.

Bemerkenswert ist, dass das Sättigungsgefühl bei Pferden nicht nur von der Menge des aufgenommenen Futters oder der Konzentration von Nähr- und Wirkstoffen im Blut nach dem Fressen, sondern ganz erheblich auch von der weitgehend mechanischen Beschäftigungszeit, also der Kau- und Einspeichelzeit abhängt. Man kann Pferde deshalb nicht mit einem nährstoffkonzentrierten, volumenkomprimierten Alleinfutter aus dem Sack oder aus einer Dose in kurzer Zeit »abfüllen«, wie es bei anderen Haustieren inzwischen üblich, teils auch vertretbar und vor allem sehr arbeitssparend ist. Als Mindestkauzeit für Pferde sind demgegenüber täglich wenigstens fünf bis sechs Stunden erforderlich (besser mehr!), damit vielfältige Schäden vermieden werden und das Pferd sich gesättigt fühlt.

Futtermenge und -zusammensetzung

Im Futter müssen Nährstoffe (Kohlenhydrate, Eiweiß, Fette), Wirkstoffe (Mineralstoffe, Vitamine) und strukturierte Ballaststoffe (Rohfaser) in ausreichender Menge vorhanden sein. Den genauen Futterbedarf, also den Tagesbedarf an Nähr- und Wirkstoffen und die spezielle Rationszusammensetzung, kann man mit Hilfe von Tabellen errechnen oder zunächst hilfsweise grob pauschaliert in der Praxis ausprobieren (Beispielrationen für Großpferde mit unterschiedlicher Leistung siehe Seite 87 und 88).

Der Bedarf richtet sich in erster Linie nach dem Gewicht des Pferdes, nach Haltungsform und Klima sowie nicht zuletzt nach der Leistung. Dabei muss der überwiegende Anteil jeder Gesamttagesration aus ballaststoffreichem Grundfutter wie Gras, Heu, einwandfreier Heulage oder Futterstroh bestehen.

Vornehmlich die darin enthaltenen Nähr-, Wirk- und Ballaststoffe sorgen für eine einwandfreie Funktion des komplizierten, störungsanfälligen Verdauungstrakts. Das Grundfutter mit viel kauintensiver Rohfaser wird bei Pferden, die besondere Leis-

Kleine Hochdruck-(HD-)Heuballen wiegen etwa 14 kg

> ### Wichtig: Tagesbedarf Grundfutter

Der pauschale Tagesheubedarf beträgt je 100 kg Körpergewicht für ein Freizeitpferd etwa 1,5 kg. Beispiel: Für einen 400 kg schweren ausgewachsenen Haflinger, der keine besonderen Leistungen erbringt, sind das täglich gut sechs kg (viermal 1,5 kg). Da das Futterwertverhältnis von Heu zu Gras 3:1 bis 4:1 beträgt, muss das 400 kg schwere Pferd bei Weidegang – statt der winterlichen Heumenge von sechs kg – im Sommer wenigstens drei- bis viermal soviel Gras fressen, das wären rund 20 kg. Bei üppiger Weide nimmt der Beispiel-Haflin-

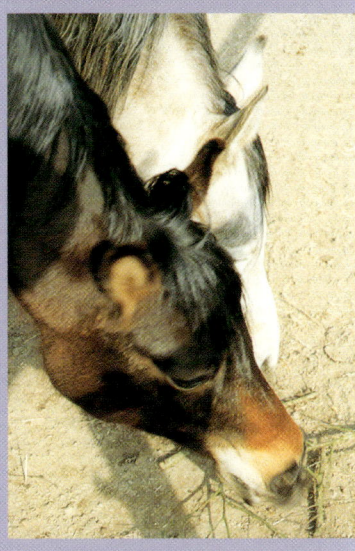

Im Frühjahr und Herbst zur Fellwechselzeit sind – nach vorherigem ausreichenden Raufutterverzehr – auch Zweige (z. B. Birken, Obstbaumabschnitt) in stark begrenztem Maß als zusätzliches Knabberfutter nützlich; Vorsicht Todesgefahr: Niemals unbekannte, oft sehr giftige Gehölze verfüttern (z. B. Eibe, Goldregen)!

ger je Stunde rund drei bis vier Kilogramm Gras auf. Er braucht demnach (wenn er fast ununterbrochen frisst) ungefähr sechs Stunden, um seinen Tagesbedarf an Grundfutter aufzunehmen.

tungen erbringen sollen (z. B. Reitleistung, Trächtigkeit), durch leistungsangepasstes Zusatzfutter (z. B. Hafer als Kraftfutter) ergänzt bzw. teilweise ersetzt. Nicht jedes Pferd braucht Zusatzfutter! Von Zusatzfutter alleine kann kein Pferd leben, von Grundfutter, z. B. frischem Grünfutter oder Heu, dem sogenannten »Brot« der Pferde, allerdings schon.

Anhaltspunkte für die Beurteilung des Futterzustands gibt der »Rippentest«: Sieht man die Rippen nicht, aber fühlt man sie, dann ist der Futterzustand korrekt. Sind die Rippen aber zu sehen, dann ist das Pferd unterernährt und muss gehaltvolleres Futter bekommen. Kann man die Rippen nicht sehen und auch nur schwer ertasten, dann ist das Pferd verfettet. Es empfiehlt sich dann, durch weniger gehaltvolle Fütterung und täglich mehr Bewegung allmähliches Abspecken einzuleiten. Eine abrupte »Fastenkur« ist schädlich!

Wie fast alle Zier-
gehölze, so gehört
auch der Lebensbaum
(Thuja) für Pferde zu
den Giftpflanzen,
deren Verzehr erheb-
liche Gesundheits-
probleme beschert

▶ Weidefütterung

In der Vegetationszeit sollte sich jedes Pferd auf artenrei-chen, ausreichend gepflegten und nicht verkoteten Weiden – nach etwa dreiwöchiger Einge-wöhnung im Anschluss an jede längere Stall- und Trockenfüt-terung – im Idealfall entweder Tag und Nacht oder wenigs-tens stundenweise weitgehend selbst versorgen. Über den le-bensnotwendigen Weidegang von Frühjahr bis zum Herbst für jedes Pferd dürfte es ei-gentlich keine Diskussion geben, denn Weidepferde sind gene-rell gesünder und abgehärteter als Stallpferde. Auch sportlich stark geforderte Pferde mit strapazierten Nerven, Gelenken und Seh-nen regenerieren durch Weidegang erheblich schneller.

Weidegang – unbegrenzt

Sind genügend große Flächen vorhanden, dann können Pferde grundsätzlich Tag und Nacht auf der Weide gehalten werden. Ste-tige Gesundheitsüberwachung, Koppelwechsel sowie Kontrolle der Zäune, Sicherstellung der Wasserversorgung sowie des Natriumbedarfs (Salzlecksteine dürfen nie fehlen!) sind ebenso erforderlich wie das tägliche Absammeln des Pferdekots zur Verminderung stets neuer Infektionen mit über den Kot ausgeschiedenen Parasiten. Bei nicht idealem Zustand der Weide (z. B. bei einseitigem Grasbewuchs ohne Kräutervielfalt) sollte täglich ein Vitamin- und Mineralstoffgemisch zugefüttert werden. Stark beanspruchte Pferde, Zuchtstuten, Fohlen und Jungpferde brauchen außerdem täglich zusätzlich zum Weidegang Kraftfutter.

Insbesondere Winter-Trampelkoppeln mit lückiger Grasnarbe sollten zu Beginn der Vegetationszeit im Frühjahr abgeschleppt, nachgesät, gewalzt oder mindestens mit der Gabel in Handarbeit gesäubert und planiert (z. B. Maulwurfshügel) werden

Zur Beifütterung werden die Pferde auf der Weide entweder separat angebunden oder mit Umhängefresseimern versehen, damit jedes Pferd seine Ration in Ruhe fressen kann. Zweckmäßiger noch sind Weideunterstände mit einfachen Fressständen (z. B. Stangenunterteilung), die eine separate Fütterung erheblich vereinfachen. Vorteilhaft ist ein Paddock zum Weideunterstand; so können einzelne Pferde separiert werden.

Weidegang (= selbstständiges Futtersuchen mit Selektionsmöglichkeit) zählt zu den ererbten, eigentlich unverzichtbaren Grundbedürfnissen eines jeden Pferdes

Weidegang – begrenzt

Nachteilig ist, dass Pferde aller Rassen, vor allem solche des Nordtyps, durch Grünfutteraufnahme mit zeitweise hohen Zuckergehalten (u. a. Fructan) bei gleichzeitigem Müßiggang z. B. an Hufrehe erkranken können. Wenn sie Tag und Nacht auf der Weide gehalten werden – und so gut wie nichts leisten müssen, verfetten sie zudem schnell, weil üppige Kulturweiden durchweg ein Überangebot an Kohlenhydraten und Eiweiß bieten.

Aber auch Hochleistungspferde gedeihen am besten, wenn sie nicht mit übermäßig grasgefüllten, großvolumigen Weidebäuchen Training und Turnier absolvieren müssen, sondern zum Gras ein weiterer Teil der Tagesration aus gutem Heu und leistungsangepassten Kraftfutterrationen besteht.

Zur Vorbeugung gesundheitlicher Schäden hat es sich deshalb bewährt, ausgewachsene Pferde, die entweder so gut wie nichts leisten müssen oder aber zum sportlichen Reiten oder Fahren gehalten werden, täglich nur stundenweise grasen zu lassen und sie in der übrigen Zeit mit Raufutter (Heu oder Stroh) im Stall oder im Auslauf zu beschäftigen sowie bei Bedarf Kraftfutter nach Leistung zuzufüttern.

Warmblüter benötigen häufig zusätzlich zum Weidegang auf Extensivweiden noch Kraftfutterzufütterung

**BEISPIEL: WEIDE MIT 20 CM HO-
HEM FUTTERAUFWUCHS** Die Grünfutteraufnahme liegt bei ausgewachsenen Pferden mit begrenztem Weidegang
je Stunde bei 0,7 bis 1,43 % des Körper-
gewichtes, im Mittel bei 1,1 %. Dies sind
bei einem mittelgroßen Pferd, das 450 kg
wiegt und täglich begrenzt fünf bis sechs
Stunden grast, 25 bis 30 kg Grünfutter.
Vom Volumen her gesehen, wären das et-
liche Schubkarren voller Grünfutter. Mit
dieser Grünfuttermenge erhält das Pferd,
richtige Düngung vorausgesetzt, alle täglich erforderlichen Nähr- und Wirkstoffe.
Bei genügsamen Rassen kann damit
auch die Reitleistung von einer Stunde
täglich gedeckt werden.

Schubkarren fassen
etwa zwei bis drei kg
gemähtes Grünfutter

Häufig wird selbst bei begrenztem Weidegang auf Grund
der Grasqualität der Eiweißbedarf erheblich überschritten. Bei gesunden Pferden ist das aber meist unschädlich, denn überschüs-
siges Eiweiß wird über die Nieren als Harnstoff ausgeschieden.

▶ Beispielhafter Fütterungsplan

Als »Tagesfahrplan« hat sich z. B. für Großpferde, die ohne Stroheinstreu auf Sägespänen gehalten werden, diese Zeiteinteilung bewährt:

7.00 Uhr bis 9.00 Uhr: Weidegang	= 2,0 Stunden
anschließend im Auslauf/Stall	
1 kg Heu plus 1 kg Kraftfutter	= 1,0 Stunden
13.00 Uhr bis 14.00 Uhr: Longieren/Reiten	
14.00 Uhr bis 15.00 Uhr:	
1 kg Heu, danach 2 kg Kraftfutter	= 1,0 Stunden
18.00 Uhr bis 19.00 Uhr: Reiten	
19.00 Uhr bis 22.00 Uhr: Weidegang	= 3,0 Stunden
anschließend im Auslauf/Stall zur	
Beschäftigung etwas Heu/Futterstroh	= 0,5 Stunden
Gesamtfresszeit	= 7,5 Stunden
maximale nächtliche Futterpause (-karenz)	= 8,0 Stunden

Der Energie-Erhaltungsbedarf einer Fjordstute kann unter gleichen Bedingungen im Vergleich zu einer Vollblutaraberstute um 20 % niedriger liegen

▶ Stall- und Auslauffütterung

In der vegetationsfreien Zeit, vom Spätherbst bis zum Frühjahr, werden die Weiden zur Schonung der Grasnarbe gesperrt. Auch wenn man Pferde im Winter stundenweise in so genannte Trampelkoppeln lässt, dienen diese Flächen mehr der Bewegung als der Ernährung. Die Ernährung des Pferdes muss demnach in der kalten Jahreszeit überwiegend aus konserviertem Futter bestehen, das entweder im Stall oder aus geeigneten, überdachten Fütterungseinrichtungen im Auslauf aufgenommen wird. In Haltungsanlagen ohne oder mit nur winzigen Weideflächen wird überwiegend ganzjährig im Stall oder im Auslauf gefüttert. Als ausschließliches Grundfutter eignet sich in der Blüte geerntetes, qualitätsvolles Wiesenheu vom ersten Schnitt, als Teilgrundfutter sauberes Stroh und speziell lange vorgewelkte Heulage (keine Rindvieh-Nasssilage!). Als Kraftfutter sind Hafer und industrielle Ergänzungsfuttermittel sowie gute Maissilage geeignet. Zu sonstigen Zusatzfuttermitteln zählen z. B. Runkelrüben und Möhren.

Letztere sind im Winter sehr wichtige Vitamin-A-Lieferanten, die sehr gerne gefressen werden und in keiner Futterration fehlen sollten. Hier und da geäußerte Befürchtungen, durch einige Kilo handelsüblicher, auch nitrathaltiger Möhren könnten akute Vergiftungen (Hämoglobin-Blockaden mit Atembeschwerden) bei Pferden auftreten, sind durchweg unbegründet, weil die Nitrattoleranz beim Pferd sehr groß ist und überschüssige Nitrate über die Leber abgegeben werden.

Fütterungszeiten

Für jede Stall- und Auslauffütterung ist im Hinblick auf die Mindestfresszeit, die Rationszusammensetzung und die Zahl der Füt-

Raufen und Fress-stände können vorbe-reitend befüllt und durch ein Elektroband bis zur Fütterungszeit gesperrt werden

▶ **Fütterungshäufigkeit**

Werden täglich in Box bzw. Offenstall je Pferd fünf bzw. acht Kilogramm gutes Stroh eingestreut, dann reichen täglich drei Fütterungen aus. Besteht die Einstreu aber nicht aus Stroh, dann muss wenigstens fünfmal täglich gefüttert werden, wobei die Fütterungszeiten morgens sehr früh und die letzte Fütterung abends sehr spät anzusetzen sind, um eine überlange nächtliche Futterpause von mehr als sechs bis maximal acht Stunden, in der mangels Futternachschub z. B. Dickdarmbakterien absterben, zu vermeiden.

Grünfuttersilage wird üblicherweise zunächst in Rundballen (1,20 m Durchmesser) gepresst und anschließend maschinell in Folie eingewickelt

terungen ganz entscheidend, ob einwandfrei fressbares Stroh oder aber eine nicht zum Fressen geeignete Alternativeinstreu eingesetzt wird. Warum die Art der Einstreu fütterungsrelevant ist, ergibt sich aus der Eigenschaft des Pferdes als Dauerfresser. Aus Stroheinstreu kann das Pferd nach Belieben und angelehnt an

Silage wird auch in große, 300 kg schwere Quadrantballen gepresst, die anschließend in Folie luftdicht verpackt werden

natürliche Verhältnisse – gerade auch außerhalb der Fütterungszeiten – Nähr- und Ballaststoffe aufnehmen und sich mit der Einstreu beschäftigen. Werden dagegen nicht zum Fressen geeignete alternative Einstreumaterialien, z. B. Sägespäne, eingesetzt, beschränkt sich die Kau- und Futterselektionsbeschäftigung nur auf das zu den Fütterungszeiten vorgelegte Futter. Wichtige Konsequenz: Bei Alternativeinstreu muss häufiger als bei Stroheinstreu Futter vorgelegt werden, damit eine kontinuierliche Versorgung und Beschäftigung ohne unvertretbar lange, verdauungsstörende Fresspausen gesichert ist. Wird dies nicht beachtet, steigt die Gefahr von allgemeinem Stress mit Abwehrschwächen, bedrohlichen Koliken, Schlundverstopfungen auf Grund von Gier bei der Fütterung, Durchfällen, Zahnmängeln und Knabberattacken gegen Holzeinrichtungen sowie die Angewöhnung von Untugenden (z. B. Scharren, Scheuern, Weben, Koppen). Solche Angewohnheiten verfestigen sich und bleiben häufig bestehen, selbst wenn die Ursachen fortfallen.

Aus Langeweile oder Ballaststoff-/Rohfasermangel werden bevorzugt im Frühjahr oder Winter Holzkonstruktionen von Pferden teils massiv angeknabbert

In jeder Pferdehaltung sollte eine Katze den schädlichen Nagern Einhalt gebieten, denn Mäuse- und Rattenkot kann Futter und Wasser mit üblen Folgen für Pferde kontaminieren; tierquälerisch ist die Unsitte, Katzen (= sehr gehör-sensibel) mit Halsbandglöcken zum angeblichen Vogelschutz auszustatten

Heulagerung: luftig und locker mit Abstand zum Dach, zum Fußboden und zu Wänden

2. Fütterungsbeispiel Großpferd

Beispielfütterung für ein Großpferd mit mittlerer Reitleistung, gehalten nicht mit Stroheinstreu, sondern z. B. mit einer Einstreu aus Sägespänen in der Box

Gesamttagesbedarf: mindestens 8 kg Heu und 5 kg Kraftfutter;
Gesamtfressdauer: rund sieben Stunden;
Futterpause nachts von 0.30 bis 7.30 Uhr = sieben Stunden

1. Fütterung morgens 7.30 Uhr: 2 kg Heu und erst nach dem Heuverzehr 1 kg Kraftfutter (= Morgenfresszeit eineinhalb bis zwei Stunden)
2. Fütterung mittags 12.00 Uhr: 1 kg Heu und danach 1 kg Kraftfutter (= Mittagsfresszeit knapp eine Stunde) nachmittags: Reitleistung eine Stunde
3. Fütterung spätnachmittags 17.00 Uhr: 1,5 kg Heu und danach 1 – 2 kg Kraftfutter (= Nachmittagsfresszeit eineinhalb Stunden) frühabends: Reitleistung eine Stunde
4. Fütterung abends 21.00 Uhr: 1,5 kg Heu und danach 1 kg Kraftfutter (= Abendfresszeit eineinhalb Stunden)
5. Fütterung spätabends 23.00 Uhr: 2 kg Heu und gleichzeitig 1 kg Kraftfutter (= Nachtfresszeit eineinhalb Stunden)

► Stall einstreuen

Viele Pferdehalter suchen nach »sparsamen«, dennoch pferdegerechten Alternativen zur traditionellen Stroheinstreu. Neben der Einstreufrage stellen sich immer wieder damit zusammenhängende Fragen nach dem zweckmäßigen Stallboden. Zu bevorzugen ist bei Offenställen Naturboden (Sand plus Einstreu), bei Boxen entsprechend dem Baurecht z. B. Beton mit Gefälle (evtl. mit Gummimatten plus Einstreu!).

Vier bis sechs Press-ballen Weich-holzgranulat oder Holzspäne werden monatlich als Einstreu je Pferd benötigt

Natürliches Ruheverhalten

Alle Lebewesen benötigen artentsprechende Ruhephasen mit unterschiedlicher Intensität und Dauer des Schlafs. Während Menschen täglich im Durchschnitt sieben bis acht Stunden schlafen (und Hunde noch viel länger), schlafen Pferde als Fluchttiere sehr viel weniger: im Durchschnitt nur zwei Stunden. Dabei ist die Dauer des eigentlichen Tiefschlafs abhängig von vielen Faktoren. Dazu zählen Alter (Fohlen schlafen recht lange, oft sechs Stunden), Laufleistung, Klima und nicht zuletzt die Umgebung. In unsicherer Umgebung schlafen Pferde nur »dösend« im Stehen, sie legen sich nicht hin. Gleiches trifft auf ungeeignete Untergründe oder bei Anbindehaltungen zu. Das kann dazu führen, dass Pferde sich mehrere Tage nicht ablegen und erst dann, wenn sie total übermüdet sind, zusammensacken, um sich erschöpft zwangsweise zu »entspannen«.

Fast so wie Menschen gähnen Pferde, bevor sie ein »Nickerchen« halten

Schaut man sich freilebende Pferde an, dann ergibt sich aus deren Ruheverhalten und der Wahl des Schlafplatzes, dass der Liegebereich des Pferdes bevorzugt trocken und exkrementfrei sowie körpergerecht weich und luftig beschaffen sein muss.

Oberboden und Beispieleinstreu im Liegebereich

Oberboden	Einstreu	Erläuterung/Bewertung
Beton oder sonstiger Hartboden	ohne	Tierquälerei, da Ruheverhalten gestört; Folgen sind Schlafentzug sowie Haut- und Knochenverletzungen beim Hinlegen aus Übermüdung
Betonspalten-/ Güllegitter- boden	ohne	Tierquälerei, da Ruheverhalten extrem gestört; System ist versuchsweise für Pferde in landwirtschaftlichen Betrieben verwendet worden; durch Ausdünstung von Schadstoffen aus dem Auffangsystem u. a. lungenschädigende Auswirkungen
Beton oder sonstiger Hartboden	Getreidestroh auf einer Unterlage aus Sägespänen	akzeptable Liegefläche, sehr pflegeaufwendig, viel Einstreumaterial erforderlich; hohes Mistvolumen
Beton/ Hartboden + Gummimatten, die isolieren und mit Gefälle Nässe abführen	z. B. Sägespäne, Holzgranulat, Getreidestroh, Hanf, Leinenstroh oder Strohpellets	für Boxen ohne Sandboden zu empfehlender Bodenaufbau; Gummimatten entweder absolut fest nach Herstelleranweisung verkleben oder turnusmäßig herauszunehmen mit obligatorischen Desinfektionsmaßnahmen, um Keime/ Parasiten abzutöten
Holz	mit	bedingt geeignet (Holzpflaster)
Sand	ohne	in der Vegetationszeit in Weideunterständen akzeptabel
Sand	mit	für alle Stallarten und Rassen geeignet

Einstreumaterial – Das Wichtigste auf einen Blick*

	Produkt	Kurzbeschreibung/ Preis je Einzelgebinde	Nachteile	Vorteile
Stroh	Hochdruck-ballen, 15 kg	konventionelle Einstreu; Preis ca. 1 – 2 EURO in Ackerbaugebieten	auf Grund von Ernte-fehlern: Milben-/ Staubgefahr	preisgünstig, gute Verrottung
Stroh	Rundballen, durchschnitt-lich 400 kg (sehr große Rundballen bis 600 kg schwer)	Einstreu vorwiegend in landwirtschaftlichen Betrieben; Preis ca. 30 EURO	auf Grund von Ernte- und (häufig auch) Lagerfehlern: Milben-/Staubgefahr	preisgünstig, gute Verrottung
Späne	z. B. Raiffeisen-Landhandel	Weichholzhobelspäne (Fichte); Gebinde 73 x 50 x 37 cm, Gewicht 20 kg, Pressvolumen 135 Liter, Schüttmenge ca. 500 Liter; ca. 15 Ballen auf Europalette; Preis ca. 7 EURO	höhere Kosten als Stroh; schlechtere Kompostierung; Raufutterversorgung muss über Grünfutter, Heu und Futterstroh großzügig bemessen werden!	raumsparend stapel-fähig; günstige Saug- und Geruchs-bindeeigenschaften; staub- und keimarm; kein unkontrolliertes Strohfressen
Weich-holz-granulat	JRS-Tierwohl Super®	Weichholzgranulat mit Partikelgrößen um 1,25 mm; sägemehl-ähnlich, aber nicht staubend! Gebinde ca. 80 x 50 x 30 cm, Gewicht 20 kg, Schüttmenge ca. 170 Liter; 18 Säcke auf Europalette; Preis ca. 8 EURO	wie Späne	wie Späne plus stark erhöhte Saugkraft und etwas einfacheres Aus-misten
Stroh-pellets	Handelsware	mittelgroße Strohpress-linge, Säcke à 20 kg; Preis ca. 7 EURO	wird von nicht ausrei-chend mit Raufutter gefütterten Pferden gefressen	einfache Handha-bung, gutes Saug-vermögen und gute Kompostierbarkeit

* Die Tabelle enthält beispielhafte Angaben ohne Gewähr. Aktuelle Informationen über die Pro-dukte, ihren Einsatz und Bezug, insbesondere genaue Preise, Bezugsmengennachlässe, Trans-portzuschläge und regionale Vertriebsstellen, liefern die Hersteller.

**Große Strohrundballen
wiegen 300 bis 600 kg**

Wohin mit dem Pferdemist?

Eine Lösung: Kompostieren! Viele Pferdehalter kompostieren den anfallenden Pferdemist, der später als wertvoller Humusdünger zurück auf die Weiden kommt, wenn nach etwa zwölf Monaten auch alle im Mist ursprünglich enthaltenen Pferdeparasiten abgestorben sind. Kompostierung ist keine »Mist-Lagerung«, sondern ein natürlicher Umwandlungsprozess durch Regenwürmer und so genannte Reduzenten (Kleinstlebewesen) sowie chemische Prozesse. Manchmal verlangen Behörden dennoch zur Lagerung eine Betonplatte. Da in die Kompostmiete auf einer Betonsperrschicht keine Regenwürmer aus dem Boden einziehen können, sollte man Regenwürmer aus dem Boden ausgraben und sie in Randbereichen der Kompostmiete in »Nester« aus Obst- und Gemüseresten einsetzen. Dort vermehren sie sich und wandern in die Miete. Auch der Handel bietet Regenwürmer an (1.000 Stück ca. 30 EURO). Es gibt sicherlich ästhetischere Lebewesen als kriechende Regenwürmer, doch sind sie als absolute Nützlinge kleine »Naturkraftwerke«, die zusammen mit anderen Kleinstlebewesen aus dem Mist besten Humus, den sie als Verdauungsprodukt ausscheiden, produzieren.

Exkremente sollten vorzugsweise kompostiert werden; ein Kompostplatz im Halbschatten sowie laufende Abdeckung mit Einstreu oder Grünzeug sichert eine gute Verrottung

Im Gegensatz zum typischen Stapelmist, in dem unter teilweisem Luftabschluss anaerob Fäulnisprozesse mit Geruchsimmissionen (Faulgase) ablaufen, finden in der locker aufgeschichteten Kompostmiete verstärkt durch Sauerstoffzufuhr sog. aerobe Umwandlungen statt. Je nach der verwendeten Einstreu vermindert sich das Mietenvolumen bereits nach vier Monaten um die Hälfte (z. B. bei Hanf- oder Leinenstroheinstreu). Durch die hohen Temperaturen (ca. 70 ° C im Innern der Kompostmiete) werden Parasiten abgetötet. Kompostrandbereiche sollten nach einiger Zeit umgelagert werden oder als innerer Grundstock für neue Kompostmieten dienen, damit sie ebenfalls durch Erwärmung parasitenfrei werden. Nach einem Jahr sind alle Parasiten durch Kompostierung unschädlich, der Kompost ist dann wertvoller Dünger.

Stroh als Futtermittel oder Einstreu für Pferde muss zunächst bei Sonnenwetter ausreichend trocknen, d. h., es muss wenigstens einmal vor dem Pressen gewendet werden

Problem Spänemist?

Lediglich die Kompostierung von Pferdemist mit Sägespänen dauert länger als ein Jahr, wenn keine weiteren, den Kompostierungsvorgang begünstigenden, organischen Beimengungen hinzukommen. Zusätze wie Lehm, Algomin (= Korallalgenkalk) oder handelsüblicher Kompoststarter und auch Zugaben von Kalkstickstoff beschleunigen die Verrottung des Sägespänemistes erheblich.

Noch nicht vollständig kompostierter Mist mit Hobel-/Sägespänen kann durch Landwirte auf Ackerflächen (nicht auf Weiden) mit einem Miststreuer ausgebracht und anschließend ganz normal untergepflügt werden. Privaten Pferdehaltern mit Lagerplatzproblemen und ohne Kompostierungsabsicht sei geraten, die Entsorgung mit einem Landwirt zu vereinbaren.

Angebliche Bodenversauerungsprobleme durch Mist mit Spänen sind völlig unbewiesen. Durch immer erforderliche turnusmäßige Kalkungen des Ackerlandes würden späneverursachte Versauerungsprozesse im übrigen neutralisiert.

Befreundete Pferde
grasen oft dicht
beieinander

▶ Weide bewirtschaften

Da die Fressgewohnheiten des Pferdes als Steppentier den Ansprüchen einer eng umgrenzten Weide widersprechen, muss jede
Weide, vor allem wenn es sich nur um kleine Grünflächen handelt, sorgsam gepflegt werden. Keine Grasnarbe verträgt dauern-
des selektives Abbeißen und Zertrampeln, wie es für Pferde typisch ist. Abgefressene Weidepflanzen treiben nach drei Tagen
wieder aus, benötigen aber bis zur Weidereife mehrere Wochen
Ruhe. Ideal ist, wenn Pferde deshalb nur drei bis fünf Tage auf
jeder zugeteilten Koppel weiden, die daran anschließend drei Wochen zur Schonung nicht mehr beweidet wird. Um in der Vegetationszeit diesen Koppelwechsel beibehalten zu können, empfiehlt es sich, jede großflächige Weide in mindestens fünf, besser
acht Koppeln zu unterteilen. Wenn diese Koppeln mit einem zentralen Laufgang, der an den Auslauf oder Stallbereich grenzt,
verbunden sind, vereinfacht dies das tägliche Herauslassen und
Hereinholen der Pferde ganz erheblich. Um Unfälle (z. B. Hän-
genbleiben an Pfosten) zu vermeiden, sollten Pferde nur in Aus-
nahmefällen während der Weidezeit ein Halfter tragen. Stets muss
ein Weidehalfter exakt zum Pferdekopf passen, also relativ eng
sitzen. Dabei empfiehlt es sich, den Nasenrücken abzupolstern.

Beweidung: > 20 cm

Schnitt: 10 cm stehen lassen

Kurznarbigkeit: < 10 cm

Grashöhe für Schnitt und
Beweidung

Wechselbeweidung mit Rindern ist dann vorteilhaft, wenn die Rinder vorgrasen. Stacheldraht muss für Pferde immer mit separatem Innen-E-Zaun abgeschirmt werden

Koppelschafhaltung kann eine sinnvolle Ergänzung einer Pferdehaltung sein; sie mindert bei Wechsel- beweidung das Parasiteninfektionsrisiko

Starker Verbiss der Pferdeweide führt zu einer lückigen Grasnarbe mit Ansiedlung uner- wünschter Pflanzen, wenn nicht recht- zeitig nachgesät wird

Weidehygiene und -pflege

Ideal ist, wenn die Koppeln durch Mischbeweidung auch von Rin- dergruppen oder Schafherden genutzt werden; sie schonen die Weiden, regen durch den Tritt ihrer Klauen die Bestockung der Pflanzen an und wirken auf die Zusammensetzung des Narben- bestandes ausgleichend. Zusätzlich nehmen sie Pferdeparasiten auf, die im Verdauungstrakt der Wiederkäuer absterben. Bei ge- nügender Fläche dient es ebenfalls der Weideschonung, wenn jährlich zur Heugewinnung nicht stets die gleichen Koppeln genutzt werden. Nach jedem Koppelwechsel sind die Exkremente abzusammeln (bei großen Flächen geschieht dies mit einem Traktoranbaugerät, bei kleinen Flächen mit Gabel und Schubkarre) und durch einen Reinigungsschnitt mit Sense, Balkenmäher oder Traktormähwerk alle verschmähten, überständigen Pflanzen zu beseitigen, damit diese sich nicht übermäßig verbreiten.

Wird der Kot nicht abgesammelt, führt dies zu ständigen übermäßigen Neuinfektionen der grasenden Pferde durch ansteckungsfähige Parasiten, die an Grashalmen sitzen. Völlig abartig und unfachlich ist das gelegentlich empfohlene und zu beobachtende Verteilen der Exkremente auf Pferdeweiden durch so genanntes Abschleppen.

Für den Hobbypferdehalter ist ein Balkenmäher unerlässlich, um Grünfutter zu mähen und beim Koppelwechsel die abgegraste Fläche nachzumähen

Düngung

Was die Pflanzen dem Boden entziehen, muss diesem zurückgegeben werden. Beste Form der Düngung ist die biologische Methode mit reifem Kompost. Nur zweite Wahl ist die chemische Düngung mit wasserlöslichem Mineraldünger aus dem Sack. Bei beiden Methoden ist tur-

Auf schwach gedüngtem Grünland mit hoch wachsendem Heugras finden sich viele Kräuter (hier z. B. die Schafgarbe) und Kleinlebewesen (abgebildet ist die größte Heuschrecke, genannt »das grüne Heupferd«)

nusmäßig immer zusätzlich Kalk als Regulator der Bodensäure einzusetzen. Für die Düngung gibt es kein Patentrezept, das für jede Weide anwendbar wäre. Bevor man düngt, sollte man wissen, was dem Boden fehlt. Darüber gibt eine Bodenanalyse, die bei Instituten bzw. bei ländlichen Raiffeisen-Genossenschaften in Auftrag gegeben wird, Auskunft. Insbesondere braucht der Boden Phosphorsäure, Kali, Magnesium, Natrium, Mangan, Kupfer, Bor und Stickstoff (siehe hierzu auch Serviceteil »Auf einen Blick«, Seite 121).

▶ Pferde pflegen

Pferde genießen das Geputztwerden als willkommene Ergänzung der sozialen Fellpflege durch Artgenossen. Vor allem Pferdehaltern, die ihr Pferd in Pension gegeben haben, bietet sich hierbei die Gelegenheit, ihr Pferd in Ruhe kennenzulernen und mit ihm ohne Leistungsstress zu kommunizieren.

Anbinden mit Panikhaken

Wichtig ist das sichere Anbinden von Pferden jeden Alters, egal ob am oder im Hänger, auf der Stallgasse oder im Freien. Nie darf an wackligen Pfosten oder beweglichen Geräten angebunden werden! Als Anbindehalfter eignen sich grundsätzlich nur qualitativ hochwertige, reißfeste Lederhalfter mit massiven Metallbeschlägen. Als Verbindung zwischen Halfter und Anbindeseil oder -kette dient ein metallener Panikhaken, der sich nicht etwa – wie fälschlicherweise gelegentlich angenommen – bei Panik gar von selbst öffnen kann, sondern dessen Arretierungsschlitten bei Panik des Pferdes, wenn es denn wirklich notwendig ist, vom Betreuer durch schnellen Zugriff in Pfeilrichtung gelöst werden kann. Falsch ist, ein Pferd bei jedem »Hopser« gleich durch Lösen

Panikhaken

Alte Pferde, wie hier Dunja, die im Jahre 2001 mit 37 Jahren wohl älteste Warmblutstute Deutschlands, brauchen stetige betreuende Fürsorge

des Panikhakens »zu befreien«!
Pferde müssen schon als Fohlen konsequent erfahren, dass
sie unter Aufsicht angebunden
einigermaßen diszipliniert stehen müssen. Andernfalls ergibt
sich im Laufe der Haltung stets
Unruhe beim Anbinden, die
sich auf weitere angebundene
Pferde und die betreuenden
Menschen überträgt. Erst bei

wirklich sehr extremem, nachhaltigem Zurückschnellen wird
auch ein gut gepolstertes Lederhalfter denkbare Nackenwirbelbe-
schädigungen nicht vermeiden können. Das sind aber seltene
Ausnahmen.

Fellpflege

Die Pflege des Pferdes, speziell die Fellpflege, wird durch die Haltungsform bestimmt. Pferde, die überwiegend im Freien gehalten werden, sind nur vor dem Satteln oder Anschirren zu putzen,
damit Schmutz und Schweiß-
rückstände aus dem Fell entfernt und dadurch Druck- und
Scheuerstellen vermieden werden. Insbesondere im Frühjahr
und Frühherbst, wenn der
Fellwechsel einsetzt, muss täglich kräftig geputzt werden, um
dem verstärkten Scheuerdrang
zuvorzukommen und den Fellwechsel zu unterstützen. Bei
Pferden, die zu Sommerekzem
neigen, sollten bereits im zeitigen Frühjahr – neben der Be-
achtung besonderer Fütterungs-
und Haltungsmaßnahmen –
befallene Körperstellen täglich
z. B. mit Ekzemlotion behandelt
werden.

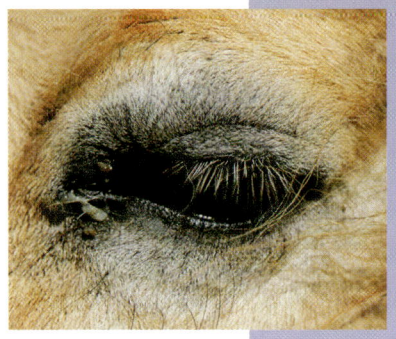

▶ Wichtig: Fliegenschutz

Generell empfiehlt es sich bei allen Pferden, besonders penibel aber bei Ekzempferden, diese in Stall, Weide und Auslauf vor witterungs- und saisonabhängigen Insektenattacken zu schützen. Dies kann durch textilen Augen- und Ohrenschutz oder durch tägliches Einsprühen mit speziellen Insektenabwehrmitteln geschehen. Durch Fliegen leiden viele Pferde z. B. unter Bindehautentzündungen. Vorbeugende Hygiene (u. a. häufige Kotentfernung) und Behandlung (u. a. mit Augensalbe und Kamillewaschungen) sind empfehlenswert.

Show-Outfit

Naturbelassene Haut sowie Körperbehaarung und Tasthaare sind wichtige Organe des Pferdes. Alle so genannten Verschönerungsmaßnahmen (»Grooming«) wie Abrasieren von Tasthaaren, Ausscheren des Genicks, Schweifansatzrasur, Scheren von Kötenbehang, Ohrbehaarung und Augenpartie oder das »verkleisternde« Einölen der Augen bzw. des Kopfes mit Babyöl aus Showgründen sind – obwohl bei Arabern und Westernpferden anlässlich von Schauen und Turnieren oft zu sehen – als unzulässige Organmanipulation abzulehnen.

Scheren

Zwar ist z. B. das Fellscheren von Pferden in Reiterkreisen mit Turnierambition ebenso üblich wie auch das traditionelle Scheren der Mähne hauptsächlich bei Zuchtfjordpferden, doch bedeutet dies nicht, dass es auch pferdegerecht und damit richtig ist. Generell muss das übliche Scheren kritisch beleuchtet werden. Unberücksichtigt, weil vielfach unbekannt, bleiben physiologische Vorgänge, die durch Scheren des Fells gestört und negativ beeinträchtigt werden. So fließt beispielsweise der Schweiß bei einem geschorenen Pferd unnatürlich schnell ab, denn es fehlen die Haare, die den Schweiß auf der Haut halten sollen! Dadurch kann der Schweiß seine Kühlfunktion durch Verdunstung nicht voll erfüllen, weshalb das Pferd wegen der dann mangelhaften Kühlung seiner Körpertemperatur unnötigerweise immer noch

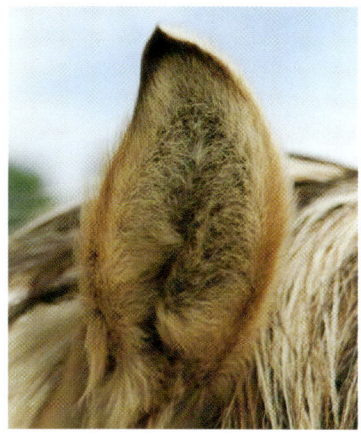
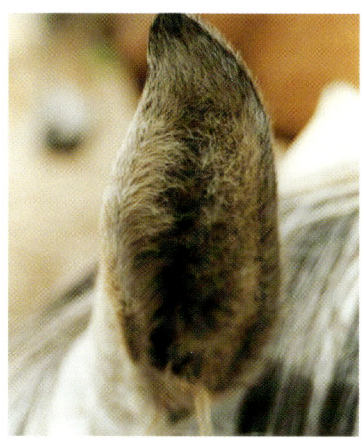

Kurze, innen und außen stark behaarte
»Maus«-Ohren beim Nordpferdetyp (Fjord)

Lange, nicht sehr üppig behaarte Ohren
beim Südpferdetyp (Vollblutaraber)

mehr Schweiß produziert – mit entsprechend hohen Elektrolyt-
verlusten. Dies ist kontraproduktiv, denn durch Scheren soll die
Schweißproduktion angeblich ja vermindert werden. Hinzu kommen nach der Schur zeitweise Auskühlungs- und partielle Zug-
luftprobleme, die noch größer sind, wenn Pferde nur teilweise
geschoren werden. Dann versagt die Thermoregulation des gesamten Körpers am ehesten. Eine pferdegerechte Haltung sol-
cherart manipulierter Pferde ist unter natürlichen Klimaverhält-
nissen nicht oder nur mit besonderem Aufwand möglich.

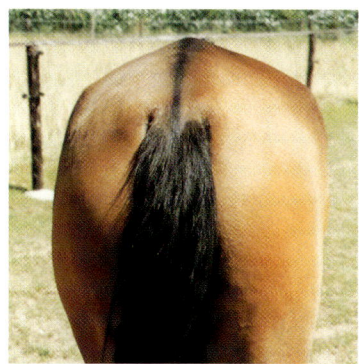

Das Sommerfell ist kurz und aufgehellt

Das Winterfell ist länger, grober struktu-
riert und farblich dunkler

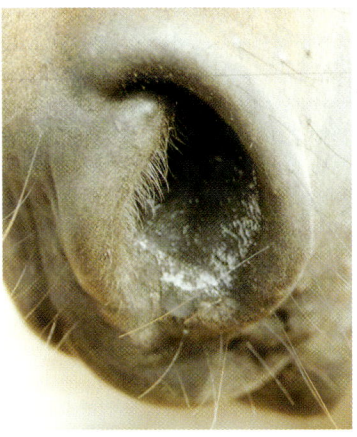

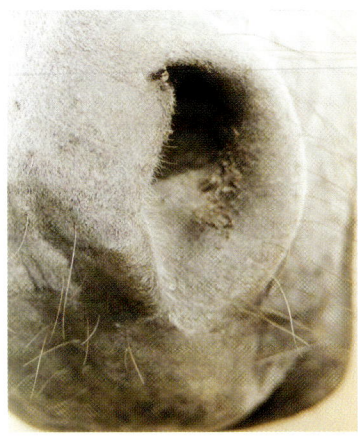

Feuchte Nüstern mit leichter Staubsekretion sind kein Krankheitszeichen (Reinigung mit feuchtem Einwegtuch)

Trockene Nüstern mit Schmutzpartikeln reinigt man mit einem feuchten Schwamm

Eindecken

Das Eindecken von gesunden Pferden ist grundsätzlich nicht erforderlich. Es kann mit Spezialdecken aber u. a. dann sinnvoll sein, wenn verschwitzte Pferde auf einem zugigen Planenanhänger transportiert werden, im Winter bei Erkrankung oder Mangelernährung ein Pferd übermäßig zittert und vorsorglich aufgewärmt werden soll oder in der feucht-kalten Jahreszeit verschwitzte Pferde nach der Arbeit nicht unter Dach ordnungsgemäß trocken gerieben werden können und deshalb auf einen vorübergehenden künstlichen Schutz zur Nachtrocknung angewiesen sind.

Je ein Schwamm für Nüstern und Genitalbereich

Gummistriegel

Mähnenkamm und Kardätsche

Pferde richtig pflegen

PFLEGETECHNIK AUF EINEN BLICK

▶ Mit dem Gummi- oder Plastikstriegel den groben Schmutz entfernen, ansonsten mit der Kardätsche (= Bürste) von Kopf bis Schweif bürsten.

▶ Empfindliche Körperpartien, die durch Weichteile nicht geschützt sind (Kopf, Beine), nur mit der Kardätsche bzw. einem nassen Schwamm säubern.

▶ Augenpartie und Nüstern sowie Geschlechtsteile und After mit getrennten Schwämmen reinigen (fusselfreie Schwämme benutzen, die jeweils vor Reinigung der nächsten Körperpartie aus Hygienegründen auszuwaschen sind).

VOR DEM REITEN ODER FAHREN

▶ Hufe reinigen,

▶ Beschlag kontrollieren,

▶ putzen – dabei das Pferd auf Lahmheiten oder Verletzungen, Sattel und Geschirr auf Beschädigungen untersuchen.

NACH DEM REITEN ODER FAHREN

▶ Hufe reinigen,

▶ Beschlag kontrollieren,

▶ bei Barhufen evtl. nachraspeln,

▶ Pferd auf Verletzungen und Lahmheiten untersuchen;

▶ im Sommer Beine, Sattel- und Geschirrlage abschwammen und abtrocknen,

▶ Pferd wälzen lassen,

▶ nach Beruhigung des Kreislaufs mit Raufutter versorgen;

▶ im Winter kurzes Abbürsten der Sattel- bzw. Geschirrlage, Pferd mit Stroh, Holzspänen oder alten Handtüchern bis zur weitgehenden Felltrocknung abrubbeln, wälzen lassen und nach Beruhigung des Kreislaufs zunächst geschützt unter Dach mit Raufutter versorgen;

▶ bei Benutzung eines Solariums oder eines Heißluftumhangs zur Trocknung darf das Pferd anschließend erst nach einer wenigstens halbstündigen Stallverweilzeit in einen nass-kalten Außenbereich, um einen abrupten Temperaturschock zu vermeiden.

Pferde
züchten

Wer keine Sorgen hat, der beginnt zu bauen ... oder zu züchten! So jedenfalls hört man gelegentlich Züchter bei Stutenschauen scherzen. Warum? Nun, Pferdezucht – wenn sie nicht Betriebszweig eines kundig geführten landwirtschaftlichen Betriebs ist, wird regelmäßig für Hobbyzüchter dann unweigerlich zur Last, wenn weder die notwendige Zeit noch genügend Weideflächen und Stallraum vorhanden sind. Dies einmal abgesehen von der unbedingt nötigen ausreichenden finanziellen Grundlage, um immer einzukalkulierende Durststrecken zu überstehen.

Ratsam ist der Aufbau einer Zucht deshalb nur, wenn langfristig mit mehreren Stuten gezüchtet werden soll, denn Pferde – vor allem auch Fohlen und Jungpferde beim Aufwachsen – brauchen zu jeder Jahreszeit täglich Artgenossenkontakte und maximale Eigenbewegung in der Gruppe an frischer Luft. Nicht nur ausreichende Finanzen, sondern genügend Fachkenntnisse, Geduld und beständige Passion sollten vorhanden sein. Auch wer sich Personal leisten kann, muss Zuchtentscheidungen selbst treffen – dafür sind eigene Kenntnisse unersetzlich.

Die eigene Zucht

106 ▶ Auswahl von
Zuchtpferden

107 ▶ Fohlen auf-
ziehen

112 ▶ Tierarzt und
Hufschmied

Äußerlichkeiten, z. B.
optimales Deckhaar
und Fellglanz, sind
Zeichen guter
Gesundheit und Pfle-
ge; abgescheuertes
Haar kann auf die
erbliche Anlage für
das sog. Sommer-
ekzem hinweisen,
was besonders für
Zuchtpferde proble-
matisch ist

▶ Auswahl von Zuchtpferden

Sehr empfehlenswert ist, mit kompetenten Fachleuten des zu-
ständigen Pferdezuchtverbandes vor der Anschaffung von Zuchtstuten oder -hengsten Kontakt aufzunehmen, um aktuelle Ver-
bandsbestimmungen zu erfragen und nicht zuletzt Zuchtziel und
Marktchancen der zu züchtenden Rasse abzustimmen, damit
nicht am Bedarf vorbei gezüchtet wird. Solche grundlegenden Informationen können nicht durch »kluge Thesen« oder subjektive
Eindrücke, wie man sie bei Züchterstammtischen vollmundig
vermittelt bekommt, er-
setzt werden.

Beurteilung von Zuchtpferden

▶ Zuchtpferde sind strenger als Gebrauchspferde zu beurteilen, ihre Auswahl muss besonders sorgfältig – möglichst in Begleitung eines erfahrenen Kenners mit sicherer Urteilsfähigkeit – vorgenommen werden.

ANFORDERUNGEN AN HENGST UND STUTE:

▶ Gute Abstammungspapiere (= zuchtbewährte Vorfahren), Eintragung bei einem anerkannten Zuchtverband;

▶ in der äußeren Erscheinung (Exterieur), im Rassetyp und im Gangwerk hohe Annäherung an das Zuchtziel;

▶ in Charakter und Temperament rassetypisch einwandfrei;

▶ zuchtreif, also weitgehend ausgewachsen, und mit gesunden Geschlechtsorganen;

▶ ausgeprägter Geschlechtstyp, d. h., der Hengst muss auf den ersten Blick männlich-kraftvoll mit viel Hengstausdruck erscheinen, die Stute weiblich-anmutig, insgesamt mütterlich in Ausdruck, Wesen und Gestalt.

▶ Hengste, die wallachartig oder stutenhaft wirken, ohne prägnanten Hengstausdruck, sind auch in der Ponyzucht ungeeignet. Gleiches gilt sinngemäß für Stuten, die in Wesen und Gestalt hengstartig erscheinen oder gänzlich geschlechtsneutral ohne stutentypische Ausstrahlung sind.

▶ Fohlen aufziehen

Die Fortpflanzungsbereitschaft der zuchtreifen, ausgewachsenen Stuten ist jahreszeitlich unterschiedlich. Diese Phase, Brunst oder Rosse genannt, tritt verstärkt im Frühjahr und Sommer auf, und zwar erstmals im Alter von eineinhalb Jahren. Meist dauert die Rosse selbst vier bis sechs Tage; die Zeit vom Ende der letzten Rosse bis zum Beginn der nächsten dauert 17 bis 20 Tage. Eine rechtzeitige Grundimmunisierung gegen Influenza und Virusabort empfiehlt sich für Zuchtstuten ebenso wie die (nicht nur für Zuchttiere, sondern für alle Pferde) obligatorische Tetanusimpfung. Empfehlenswert ist auch, bei Pferden mit Weidegang sicherheitshalber gegen Tollwut zu impfen. Zu allen Vorsorgemaßnahmen berät man sich mit dem Tierarzt.

Ein freier Decksprung
sichert am ehesten
die gewünschte
Trächtigkeit

Bedeckung

Bedeckt werden sollte die Stute durch einen passenden Hengst möglichst zum Zeitpunkt des Eisprungs. Bei einem Decksprung in der Herde wird dieser Zeitpunkt vom Hengst selbst genauestens durch Erkundung des Sexualzustands der Stute herausgefunden. Eine solche Bedeckung ist immer als sehr sicher und vor allem natürlich vorzuziehen.

Wenn nicht innerhalb von 24 Stunden nach dem Eisprung eine Befruchtung stattfindet, stirbt das Ei ab.

Wird nicht in der Herde frei gedeckt, dann sollte bei einer durchschnittlichen Rossedauer von fünf Tagen am dritten oder vierten Tag gedeckt werden. Insbesondere bei beabsichtigter künstlicher Besamung mit Frischsperma oder Tiefgefriersperma ist die tägliche tierärztliche Untersuchung zur Feststellung des Eisprungtermins durch Untersuchung der heranreifenden Follikel während der Rosse angeraten.

Generell muss sich der Pferdehalter entscheiden, ob er z. B. Leistungssport oder Zucht betreiben will. Werden Stuten sportlich zu sehr beansprucht, sinkt der Bedeckungserfolg, denn Anstrengungen beeinträchtigen die Tätigkeit der Eierstöcke.

Deckgeld

Für eine Bedeckung zahlt der Stutenbesitzer das so genannte Deckgeld. Die Höhe ist frei vereinbar, sie richtet sich nach Qualität und Marktwert des Deckhengstes. Ist eine Stute nach Einschätzung des Hengsthalters mangelhaft und im Zuchtwert zu gering, kann er eine Bedeckung ablehnen. Vermieden werden soll durch eine solche Weigerung, dass vorhersehbar mangelhafte Nachzucht den Ruf des Deckhengstes mindert.

Beispiele für durchschnittliche Deckgelder:
kleine Ponys 50 bis 150 EURO; große Ponys 150 bis 500 EURO; Vollblutaraber, Quarter Horses, Großpferde 500 bis 1.500 EURO.

Deckhygiene

Unumgänglich ist, dass Deckhengst und Stuten gesund sind. Hengsthalter verlangen vorsorglich eine Bescheinigung (nicht älter als vier Wochen) über das Freisein der Stute von Krankheitskeimen in den Geschlechtsorganen. Dazu wird eine bakteriologische Tupferprobe aus der Gebärmutter entnommen und untersucht. Spätestens während der Bedeckungs-Rosse sollte diese Probe entnommen werden, um die Übertragung von Paarungsinfektionen (z. B. Beschälseuche oder Deckdruse) zu verhindern. Selbstverständlich muss auch der Deckhengst frei von Krankheitserregern sein. Das ist ebenfalls wesentliche Voraussetzung zur Deckhygiene, denn sonst kann es beispielsweise durch Übertragung von Streptokokken beim Deckakt zu einer späteren Fehlgeburt kommen. Im Zweifel lasse man sich vom Hengsthalter vor allen Vereinbarungen bzw. vor dem Deckakt die Hygienemaßnahmen erläutern und aus Haftungsgründen bestätigen.

Fohlengeburt

Hat man den Tag der Bedeckung im Vorjahr notiert und weiß, dass die Trächtigkeit nach 320 bis 355 Tagen beendet ist (rund elf Monate), kann der Geburtstermin grob vorausberechnet werden. Durch Hormonwirkung wird die Geburt ausgelöst, sie kündigt sich in den letzten Wochen der Trächtigkeit bereits durch Vergrößerung des Euters an. Kurz vor der Geburt kann bereits Milch fließen, meist sind aber harzähnliche Tröpfchen an den Zitzen die ersten Anzeichen.Über 90 % aller Stuten bringen liegend ihr Fohlen zur Welt, und zwar fast ausschließlich des Nachts zwischen 20 und 6 Uhr. Bewährt haben sich zum Abfohlen große, luftig-helle, dick und sauber vorzugsweise mit hygienisch einwandfreien Weichholzsägespänen eingestreute Abfohlboxen. Auch bei robust ausschließlich auf der Weide gehaltenen Stuten empfiehlt sich übergangsweise zum Abfohlen zeitweise der Boxenaufenthalt. Mit der Box sollte die Stute schon einige Zeit vor dem Abfohlen vertraut gemacht worden sein.

Die Fohlengeburt unter optimalen Weidebedingungen entspricht den natürlichen Verhältnissen; durchweg ist aber eine geräumige Abfohlbox vorzuziehen, um auch eine Notfallversorgung bewältigen zu können

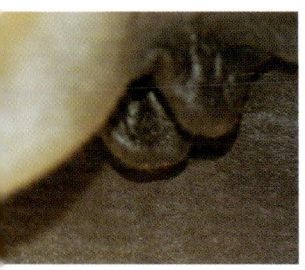

Euter einer jungen
Vollblutaraberstute;
diese empfindliche
Körperregion sollte
regelmäßig sanft mit
einem Schwamm
gereinigt werden

Sechsmonatiges
Quarter Horse-Fohlen
kurz vor der Absetzzeit

Zweckmäßig ist räumliche Angrenzung der Box an den Auslauf und an andere Boxen oder den gewohnten Offenstall, damit Nähe und Kontakt zu Artgenossen immer gewährleistet bleiben.

Kennzeichnend für den Geburtsvorgang sind drei Wehenphasen mit vorhergehender kolikähnlicher Unruhe der Stute. Die erste Phase besteht aus rhythmischem Zusammenziehen der Gebärmuttermuskulatur; die Geburt folgt anschließend in der zweiten, der so genannten »Austreibungsphase«. In der dritten Phase wird die Nachgeburt (Plazenta und Amnionhaut) ausgetrieben. Das sollte spätestens nach ein bis zwei Stunden erledigt sein und sich nicht weiter verzögern (Kontrolle ist wichtig!). Bei Verzögerung muss durch den dann herbeizurufenden Tierarzt die Austreibung der Nachgeburt durch entsprechende Medikation eingeleitet werden. Es droht sonst durch toxisches Nachgeburtsverhalten der Verlust der Stute!

Erste Lebenstage

Junge Fohlen sind »Nestflüchter«, die nach knapp einer Stunde bereits stehen und weit von der Hilfsbedürftigkeit »nesthockender« Hundewelpen oder menschlicher Säuglinge entfernt sind. Einige wesentliche Kontrollmaßnahmen sind dennoch immer erforderlich.

Fohlen sind auf die in der ersten Mutter-
milch (Kolostralmilch) enthaltenen Abwehrstoffe (Antikörper/Immunglobuline) angewiesen. Darum muss unterstützend darauf
geachtet werden, dass die Kolostralmilch
innerhalb der ersten 24 Stunden aufgenommen wird, denn nur in diesem Zeitraum können die Abwehrstoffe die Darmschleimhaut
des Fohlens passieren und in der Blutbahn des
Fohlens wirksam werden.

Fohlen finden spätestens innerhalb von
zwei Stunden das Euter und saugen. Bei Pro-
blemen (z. B. wenn die Mutter sehr wenig
Milch gibt) kann sich eine vorsorgliche Imp-

fung gegen Fohlenlähme (= unterschiedliche Infektionen) empfehlen, um – unabhängig von der Menge aufgenommener Kolostralmilch – tatsächlich auch genügend Antikörper zu erhalten.

Kotabsatz (so genanntes »Darmpech«) und Harnabsatz sollten innerhalb von zwölf Stunden erfolgt sein. Andernfalls muss
durch den herbeigerufenen Tierarzt eine nicht ungewöhnliche
Verstopfung durch Paraffinölapplikation beseitigt werden und
auch ein Verdacht auf Blasenriss, der sich beim Geburtsvorgang
ereignet haben könnte, muss untersucht werden.

Nach der ersten Lebenswoche ist eine Wurmkur (Ivermec-
tinpräparat) fällig (zusammen mit der Mutter); mit zwei Monaten
die Tollwutimpfung und mit vier Monaten jeweils Grundimmu-
nisierungen gegen Tetanus, Influenza und Herpes.

Bereits am ersten Tag sind wenigstens stundenweise Außen-
klimareize wichtig und nach wenigen Tagen sollte schon ganz-
tägiger Weidegang vorgesehen werden. Insgesamt empfiehlt sich
bei zeitweisem Weidegang und Stallhaltung penible Sauberkeit
in allen Bereichen.

Unrat, Hundekot oder abgelegte Drahtrollen und landwirt-
schaftliche Geräte auf der Weide oder unsaubere Matratzenein-
streu sind nie pferdegerecht, für Fohlen gar lebensbedrohlich.
Weil ein Fohlen z. B. auf Grund des hohen Ruhebedarfs viel liegt
und somit die Wunde des abgerissenen Nabels stets Kontakt mit
der Umgebung hat, sind Nabelinfektionen in unsauberen Hal-
tungen oder bei mangelhafter Nabelhygiene vorprogrammiert.

Absatzfohlen
brauchen Art-
genossen gleichen
Alters, um sich u. a.
durch Rangeleien und
Laufspiele gesund zu
entwickeln; ältere
Pferde der Gruppe
sorgen demgegen-
über für die wichtige
Gruppendisziplin,
z. B. eine natürliche
Unterordnung mit
Respekt

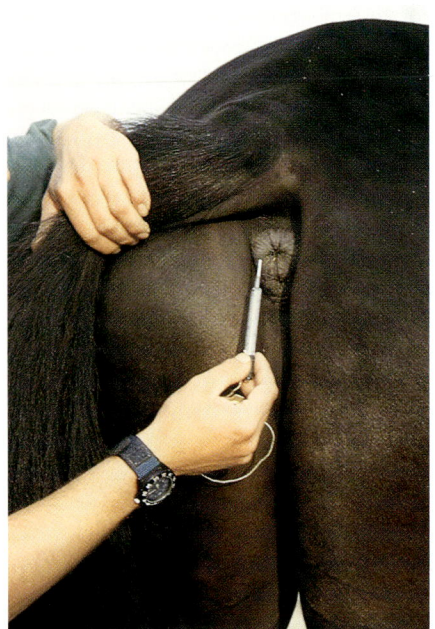

Das Fiebermessen mit einem Spezial-thermometer sollte jeder Pferdebesitzer beherrschen bzw. vorsorglich trainieren

Tierarzt und Hufschmied

Vorbeugen ist besser als Heilen, so schrieb schon Xenophon vor 2000 Jahren. Doch diese selbstverständliche Weisheit wird oft vernachlässigt. Selbst wer sein Pferd in Eigenregie mit viel Licht, Luft, gutem Futter und täglicher Bewegung hält, wird auf Dauer nie ganz ohne fachliche Unterstützung auskommen. Zum einen sind es äußere und innere Parasiten sowie mikroskopisch kleine Krankheitserreger, die bekämpft werden sollten, zum anderen erfordern die ständig nachwachsenden Hufe regelmäßig alle sechs bis acht Wochen fachlich einwandfreie Rundumpflege und – je nach Verwendung des Pferdes – einen Beschlag oder sonstigen Hufschutz. In erster Linie sind Tierarzt und Hufschmied die wichtigsten Fachberater und -helfer jeder Pferdehaltung. Auch fähige Tierheilpraktiker oder kenntnisreiche Hufpfleger sind in der Lage, z. B. Hygiene-, Parasitenbekämpfungs- und Barhufbehandlungsmaßnahmen oder alternative homöopathische Therapien erfolgreich durchzuführen.

Die Praxis zeigt, dass die Zahlungsmoral vieler Pferdehalter schlecht ist, vor allem bei der Begleichung von Tierarztrechnungen. Aus diesem Grund verlangen heute immer mehr Tierärzte Barzahlung, was ihr gutes Recht ist.

Tierarztkosten

Rund um die Tierarztrechung gibt es immer wieder Unstimmigkeiten, weil vielen Pferdehaltern die Zusammenhänge unklar sind. Tierarzthonorare richten sich nach der bundeseinheitlichen »Gebührenordnung für Tierärzte (GOT)«, in der alle Einzelleistungen mit Nummern und Gebührensätzen festgelegt sind. Als Mindestvergütung muss der Tierarzt den einfachen Gebührensatz verlangen, der sich stufenlos bis zum dreifachen Satz erhöhen kann. Das Honorar ist also flexibel und richtet sich nach den Besonderheiten des Einzelfalles. Kolik ist eben nicht gleich Kolik. Deshalb ist es schwierig, die Höhe von Tierarztrechnungen

Allen Pferden zu wünschen: kenntnisreiche, erfahrene sowie besonnen und solide arbeitende Hufschmiede und Hufpfleger

pauschal miteinander zu vergleichen. Vorgeschrieben ist zudem auch die Erhebung eines Wegegeldes von rund zwei EURO je Doppelkilometer (= Kosten der Anfahrt). Alle Gebühren erhöhen sich für Leistungen an Wochenenden und nachts. Durch Rechtsverordnung werden die Gebühren jeweils an die aktuelle allgemeine Preisentwicklung angepasst. Insofern können die folgenden Beispiele nur ungefähre Anhaltspunkte liefern.

Beispiele für einfache Tierarzt-Gebührensätze

Allgemeine Untersuchung und Beratung		15 EURO
Blut, Urin, Kot untersuchen		5 EURO
Injektion in Haut und Muskel		5 EURO
Wunde behandeln		5 EURO
Zähne raspeln		15 EURO
Röntgen		20 EURO
1. und 2. Röntgenbild	je	25 EURO
Klinikaufenthalt (ohne Behandlung/Futter)	Tag	18 EURO

Schutzimpfungen

Beste Vorbeugung gegen Infektionskrankheiten, die durch Viren und Bakterien ausgelöst werden, wird durch Impfungen erreicht. Impfungen bestehen durchweg aus einer Grundimmunisierung mit Wiederholungs- bzw. Auffrischungsimpfungen. Bereits ab dem vierten Lebensmonat sind alle Pferde immer gegen Tetanus (Wundstarrkrampf) zu impfen. Sehr zu empfehlen ist – selbst in angeblich tollwutfreien Regionen – eine Schutzimpfung gegen Tollwut schon ab der achten Lebenswoche mit jährlicher Auffrischung.

Schweifscheuern deutet auf Wurmbefall, Milbenbefall oder Sommerekzem hin

Parasitenbekämpfung

Auch bei bester Hygiene müssen alle Pferde, egal welchen Alters, regelmäßig, wenigstens dreimal jährlich im März/April, im Juni/Juli und im Oktober/November, entwurmt werden. Pferden aus geschlossener Stallhaltung oder aus einer unhygienischen Weidehaltung ohne tägliches Kotabsammeln sollte vorsorglich monatlich oder alle zwei Monate Wurmpaste, die beim Tierarzt erhältlich ist, mit dem handelsüblichen Dosierer eingegeben werden. Dabei ist es unbedingt erforderlich (zur Vermeidung von Resistenzen), bei jeder Wurmkur immer wechselnd einen anderen Wirkstoff einzusetzen. Die Wirkstoffe sind auf den Beipackzetteln der von verschiedenen Arzneimittelfirmen hergestellten Wurmmittel vermerkt.

Pferde mit Mauke (Wunden in der Fesselbeuge) sollten bis zum Abklingen der Beschwerden nur auf kurznarbigen, relativ trockenen Flächen gehalten werden; als weiche, hygienische Stalleinstreu hat sich in solchen Fällen Weichholzgranulat bewährt

Wirkstoffe sind nicht etwa die Firmen-
oder Präparatnamen, sondern die in der
Paste verwendeten speziellen Substanzen,
z. B. Benzimidazole, Pyrantel, Morantel
oder Ivermectin. Nur der Wirkstoff Ivermectin z. B. hilft bei der Oktober-Wurm-
kur gegen die Dassellarven. Einzelheiten
bespricht man mit seinem Tierarzt. Angebliche »Hausmittel«, homöopathische
Entwurmungsmittel oder Karotten- und
Eichelfütterung zur Parasitenvernichtung

Grüne Eicheln sind
toxisch

sind wirkungslos. Fütterung grüner Eicheln kann sogar durch den
Gerbsäureanteil schwere Koliken verursachen!

Erste Hilfe

Unter der Ersten Hilfe versteht man alle Notfall-Maßnahmen, die
der Pferdehalter bzw. -betreuer bis zum Einsatz des Tierarztes er-
greifen sollte, um beim Vierbeiner Schmerzen zu begrenzen sowie Folgeerkrankungen und -schäden zu verhindern. Zu den
wichtigen Notfallmaßnahmen gehören nicht zuletzt auch Verhal-
tensmaßregeln: »Ruhe und Überblick bewahren« verbunden mit
präzisen Beobachtungen des Pferdeverhaltens und der Ausschei-
dungen (Schweißabsonderungen, Auswürgen von Futter, Urin-
und Kotabsatz) sowie die Durchführung von Messungen (PAT =
Puls, Atem, Temperatur).

Erste Hilfe ist nicht zu verwechseln mit der Versorgung von
durchweg nicht dramatischen Bagatellfällen, also zum Beispiel
Einreiben rein oberflächlicher Schürfwunden mit Heilsalbe, Ze-
ckenentfernung mit der Zeckenzange oder die Anwendung von
Kühlgel.

Wurmmittel werden
mit einem handelsüb-
lichen Pastenschieber
eingegeben

Zweckmäßiges Ver-
bandsmaterial für
Pferde ist im üblichen
Kfz-Verbandskasten
nicht enthalten; man
kauft es deshalb vor-
sorglich beim Tierarzt

Wichtig: Notfall-Apotheke

Die eigentliche Notfall-Apotheke (am Stall in staub- und ungeziefersicherem Behältnis, im Kofferraum des Zugfahrzeugs bei Fahrten mit dem Transporter oder in der Satteltasche bei ausgedehnten Wanderritten) sollte für den wirklichen Notfall mindestens »sieben Sachen« enthalten:

- ▶ 1. Digitales Fieberthermometer,
- ▶ 2. Einfach-Stethoskop (Phonendoskop) zur Herzfrequenzmessung (Puls),
- ▶ 3. sterile Verbandsstoffe, z. B. Wundabdeckungen 10 x 20 cm groß, nicht fusselnde Verbandswatte und Mull in Gazeumhüllung zur Unterpolsterung eines Verbandes,
- ▶ 4. selbsthaftende Bandagen, die als äußerer Verband auf einer faltenfreien Unterpolsterung aus Verbandsstoffen (z. B. Equimoll) angelegt werden können,
- ▶ 5. Klebeband für Befestigungszwecke,
- ▶ 6. eine Verbandsschere,
- ▶ 7. eine Oberlippenbremse (»Nasenbremse«) mit dickem Strick (gut 1 cm dick) und etwa 25 cm langem Griff.

Nicht zu den wichtigen »sieben Sachen« der Notfall-Apotheke zählen typische »Sattelkammer-Medikamente«, also Utensilien wie Blauspray zur Desinfektion, Salben, Augensalben oder -tropfen, denn deren Anwendung kann im Notfall gerade bei offenen Wunden unter Umständen sogar erheblich mehr schaden als nützen. Dies vor allem, wenn deren Haltbarkeitsdatum längst überschritten ist oder angebrochene Tuben durch unhygienische Behältnisse verdreckt wurden, wie es leider häufig der Fall ist. Erst der Tierarzt entscheidet sicherheitshalber vor Ort oder ausnahmsweise telefonisch vorab über Art und Weise der Anwendung/Eingabe von Medikamenten bzw. medikamentähnlichen Substanzen oder Homöopathika.

Allenfalls können begleitend zur Beruhigung und zum Abbau psychischer Spannungszustände (Angst/Schockzustände) zum Beispiel Bachblüten-Mischungen aus fünf Blüten (Rescue Remedy = Notfalltropfen) eingegeben werden. Wirkungs- und An-

wendungskenntnisse sowie Vorrat sollte man sich rechtzeitig durch Konsultation von einem Tierarzt oder Tierheilpraktiker verschaffen.

Durchaus sinnvoll ist, wenn man sich anlässlich von Tierarztbesuchen (z. B. bei einer Nachimpfung) ein paar Handgriffe zur Notfallversorgung am eigenen Pferd erklären lässt.

Informationen zur Notfallversorgung werden auch in Seminaren oder bei Lehrschauen anlässlich von Pferdemessen angeboten.

Bei ausschließlicher Weidehaltung sollte immer eine stabile und möglichst auch geschützte Anbindemöglichkeit geschaffen werden, um Pferde u. a. tierärztlich behandeln zu können

> ### ► Wichtig: Erste Hilfe
>
> Richt-PAT-Werte beim erwachsenen Pferd (in Ruhe): Puls 28 bis 40 Schläge/Minute; Atmung 8 bis 16 Atemzüge/Minute; Körpertemperatur in Ruhe 37,0 bis 38,2 Grad Celsius.
> Bei Blutungen: Bewegung des Pferdes weitgehend verhindern und mit sterilem Tuch auf die Wundfläche drücken (nicht tupfen oder wischen), danach erst über dieses Tuch reichlich Polsterwatte legen und eine elastische Bandage anbringen; bei arteriellen Blutungen (= hellrotes Blut pulsiert aus der Wunde) ist ein Druckverband zum Abdrücken der Arterie und zum Zusammenfügen der Wundränder notwendig.

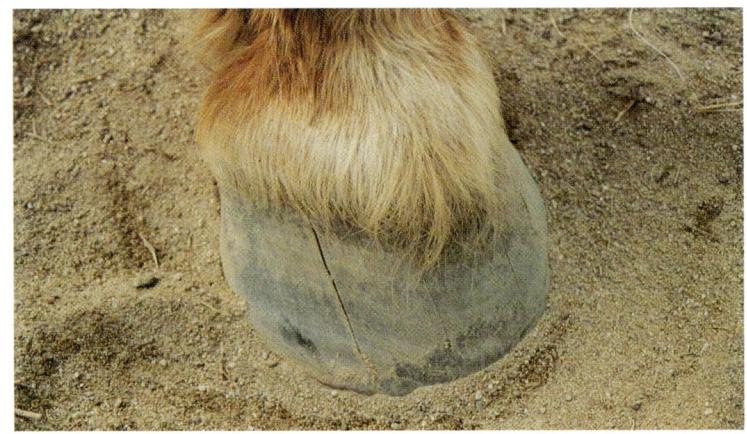

Pferde mit Hufproblemen, z. B. Hornspalten, müssen von Fachleuten behandelt werden; gleichzeitig kann Biotin-Zufütterung das Hornwachstum stabilisieren

Hufpflege

Der Huf des Pferdes »lebt«, er ist kein robuster »Hornklumpen«, sondern besteht nur zu einem geringen Teil, der äußeren Hornwand, aus unempfindlichem Horn. Nur in diese schmale Hornwand treibt der Schmied die Hufnägel zur Befestigung eines Hufeisens. Die übrigen Teile des Hufes sind sehr empfindlich. Krone, Ballen, Hufsohle und Strahl müssen deshalb vor Verletzungen geschützt und regelmäßig kontrolliert sowie mit Wasser und Wurzelbürste gesäubert werden. Insbesondere Sehnenschäden, Gelenkschäden, Lahmheiten und Strahlfäule treten dann auf, wenn die Hufpflege vernachlässigt wird. Viele Pferde können »barfuß«

Erkrankung und Hauptursache	Symptome	Therapie
Lederhautentzündung durch Quetschung	Lahmheit, Steingallen	kalte Angussverbände
Rehe durch Stoffwechselstörung	Lahmheit, Hufe warm	Medikation, Spezialbeschlag
Geschwür durch Nageltritte	punktförmige Schmerzhaftigkeit	Ausschneiden durch Tierarzt

laufen, brauchen also keine Eisen. Auch alternativer Hufschutz, z. B. Kunststoffbeschläge oder Hufschuhe, stehen zur Auswahl nach Beratung durch Fachleute bereit. Die regelmäßig und sachkundig durchgeführte Hufpflege mit Beraspeln der Hufe (etwa alle sechs bis acht Wochen) ist bereits im Fohlenalter Voraussetzung sowohl für die Gesunderhaltung als auch für die volle Verwendungsfähigkeit des Pferdes. Ausreichende Bewegung auf unterschiedlichen Untergründen, auch harten Böden, und ausgewogene, typ- und leistungsangepasste Ernährung mit genügender Biotin- und Zinkversorgung sichern eine regelmäßige Hufbeschaffenheit. Einfetten und Ölen der Hufe ist vornehmlich Kosmetik – das Teeren der Sohle kann sogar schädlich sein. Die oft zitierte äußere Huf-Glasurschicht existiert nicht: es glänzt nur das Kitthorn; ein besonderer Schutz ist nicht erforderlich.

Zur Barhufpflege sind Hufkratzer, Wasser, Bürste, Raspel und Hufmesser erforderlich

Serviceteil

AUF EINEN BLICK
Daten, Fakten, Maße zu Pferdehaltung und -zucht

▶ Pferd

Größe/Widerristhöhe:
kleines Pony 1,00 m, großes Pony 1,42 m, Großpferd 1,75 m
Gewicht:
kleines Pony 160 kg, großes Pony 400 kg, Großpferd 600 kg
Beispiel-Futtertagesration im Winter als Erhaltungsbedarf:
kleines Pony 4 kg Heu, kein Kraftfutter, 25 g Mineralstoffe
großes Pony 6 kg Heu, 0,5 kg Kraftfutter, 40 g Mineralstoffe
Großpferd 8 kg Heu, 3 kg Kraftfutter, 60 g Mineralstoffe
Tägliche Kraftfutterzulage für jeweils eine Stunde Reiten:
kleines Pony 0,6 kg, großes Pony 0,8 kg, Großpferd 1,3 kg

▶ Auslauf

Fläche:
Boxen-Paddock je mittelgroßes Pferd 50 qm
Gruppenauslauf je mittelgroßes Pferd 50 bis 200 qm
Tretschicht (Oberboden):
z. B. Sandgemisch mit 50 % Gatterspänen
Einzäunungsbeispiele:
Stahlpanels für Paddocks
Holz plus Elektrozaun für andere Ausläufe

▶ Stall

Stallhöhe:
für Ponys mindestens 2,50 m; für Großpferde 3,50 m
Türbreite (Öffnung immer nach außen!): 1,20 m
Liegebereich im Offenstall:
Mindest-Platzbedarf für kleine Ponys 5 qm, für große Ponys
7 qm, für Großpferde 11 qm

Frei begehbare Fressstände:
Länge = Widerristhöhe des Pferdes multipliziert mit zwei
Breite = Widerristhöhe des Pferdes geteilt durch zwei
Boxenfläche:
kleine Ponys 2,5 m x 2,5 m, große Ponys 3,0 m x 3,5 m, Groß-
pferde 3,5 m x 4,0 m
Einstreubedarf pro Jahr bei 365 Tagen Boxenhaltung:
10 dz Stroh je Pferd (= 70 kleine Hochdruckballen)
Mistanfall pro Jahr bei 365 Tagen Boxenhaltung:
80 dz Mist je Pferd bei mittlerer Einstreu von 3 kg/Tag

▶ Weide

Flächenbedarf:
Auf einer gepflegten Weidefläche mit Ackerbodenqualität von
5.000 qm (= zwei Morgen) kann man – bei Koppelunterteilung
mit turnusmäßigem Koppelwechsel und Nachdüngung – in
der Vegetationszeit bei täglich fünf bis sechs Stunden Weidegang (aufgeteilt in 2-3 Abschnitte) halten: fünf kleine Ponys,
drei große Ponys, zwei Großpferde (zusätzlich brauchen die
Pferde dazu noch täglich abends zur mindestens einstündigen
Beschäftigung Futterstroh oder Heu)
Düngung (Pauschalangaben):
Zur Erhaltung der Bodenfruchtbarkeit und des Durchschnitts-
pH-Wertes von 5-6 sind jährlich im Herbst für zwei Morgen
etwa 200 kg Thomasphosphat und im Frühjahr 100 kg Kali-
magnesia auszustreuen. Dazu per Miststreuer 3000 kg reifer
Kompostdünger mit 200 kg Basaltmehl. Statt des organischen
Kompostdüngers kann als chemischer Ersatz Handels-NPK-
Volldünger mengenbegrenzt eingesetzt werden. Auszustreuen
sind im zeitigen Frühjahr 75 – 100 kg auf die Gesamtfläche, im
Sommer 75 kg und im Spätsommer nochmals 75 kg (im Sommer und Spätsommer nicht alles zugleich auf die Gesamtfläche,
sondern zeitlich verteilt auf die jeweils abgegrasten Koppeln). ˈ
Standort- und nutzungsangepasste Düngung setzt eine genaue
Datenanalyse voraus. Diese Analyse erhält man (zusammen mit
Düngeempfehlungen) über einzusammelnde Bodenproben, die
von Landwirtschaftlichen Untersuchungs- und Forschungsanstalten ausgewertet werden (siehe Seite 124).

▶ Zäune

Zaunmindesthöhe:
für Ponys 1,20 m, für Großpferde 1,60 m
Elektroleiter:
Außenzauninstallation mit mindestens drei Reihen E-Leiter;
Bodenabstand des untersten E-Drahtes/E-Bandes 0,60 m
Außenzaun-Pfahlabstand:
2,50 m oder 3,00 m
E-Zaungeräte:
möglichst Versorgung mit 220/230 Volt Netzstrom oder 9 Volt-
Trockenbatterie; Impulsenergie wenigstens ein Joule

▶ Reitbahn

Round Pen/Longierzirkel:
Durchmesser mindestens 14 m, besser 16 – 17 m
Kleinste Arbeitsbahn: 12,5 x 25 m
Normalbahn für Dressurprüfungen: 20 x 40 m
Reining-/Trail-Bahn oder Springbahn: 25 x 60 m

▶ Zucht

Zuchtreife: Vierjährig
Dauer der Rosse: vier bis sechs Tage
Bedeckung: am dritten Tag der Rosse
Trächtigkeitsdauer: 320 bis 355 Tage (rund elf Monate)

▶ Versicherungen

Tierlebensversicherung: für Schäden, die das Pferd erleidet
Unfallversicherung: für Verletzungen des Versicherten
Haftpflichtversicherung: für Schäden, die durch Pferde Dritten
gegenüber verursacht werden
Gebäude- und Inventarversicherung: für Schäden durch Feuer,
Diebstahl, Sturm, Leitungswasser, Vandalismus

KLEINES LEXIKON

Ankaufsuntersuchung	tierärztliche Begutachtung beim Pferdekauf
Auslauf	vegetationsfreies Areal zur Bewegung
Dasselfliege	Insekt, das Eier an Pferdebeinen ablegt
Dominanz	Beherrschung/Kontrolle
Equus ferus	ausgestorbene wilde Stammart der Hauspferde
Equidenpass	Pferdeausweis mit individueller Beschreibung
Evolution	stammesgeschichtliche Entwicklung
FN	Deutsche Reiterliche Vereinigung Warendorf
Grünfutter	Sammelbezeichnung für nicht konserviertes Raufutter, primär Gras, Kräuter und Klee
Gülle	Nutztier-Flüssigdünger aus Kot und Harn
Guru	Lehrer/Verhaltenstrainer
Heulage	Sauerkonserviertes Grünfutter mit über 40 % Trockensubstanz
Homöopathika	Heilmittel der Naturheilkunde
Influenza	Hustenerkrankung
Kombinations-Auslauf	Areal mit Auslauf- und Reitplatzfunktion
Krippenfutter	Kraftfuttermittel
Laufstall	geschlossener Bewegungsstall
Medikation	Medikamentenverordnung
Nordtyp	Pferd der Kaltklimazone
Offenstall	offener, vom Auslauf stets zugänglicher Stall
Paddock	umzäunter Kleinauslauf
Panikhaken	vom Pferdehalter bei Panik lösbarer Haken zwischen Anbindestrick und Halfter
PAT	Abkürzung für Puls, Atem, Temperatur
Pony	Kompaktes Pferd bis 147,3 cm Stm./Widerristhöhe
Raufutter	Sammelbezeichnung für ballaststoffreiche Grundfuttermittel wie Heu, Stroh, aber auch Grünfutter und Heulage
Rosse	Zeit der Fortpflanzungsbereitschaft bei Stuten
Südtyp	Pferd der Warmklimazone
Tetanus	Wundstarrkrampf-Erkrankung
Thermoregulation	Fähigkeit, die Körpertemperatur anzupassen
VA	Abkürzung für Vollblutaraber
VFD	Vereinigung der Freizeitreiter und -fahrer in Deutschland
Verstärkung	Lob, das erwünschtes Verhalten fördern soll
Wiese	Dauergrünland, das vorwiegend nur gemäht wird
Weide	Dauergrünland, das von Tieren beweidet wird
Weideschutzhütte	nach Süden offener Stall, dreiseitig geschlossen
Wurmkuren	mehrmalige, jährlich wiederkehrende Bekämpfung innerer Parasiten mit stets zu wechselnden Wirkstoffen

NÜTZLICHE ADRESSEN

Deutsche Reiterliche Vereinigung (FN)
Freiherr-von-Langen-Straße 13
D – 48231 Warendorf
Tel.: 02581-6362-0
Fax: 02581-62144
www.fn-dokr.de

Vereinigung der Freizeitreiter und -fahrer in Deutschland (VFD)
Am Bauernwald 5 b
D – 81739 München
Tel.: 0171-4201521
Fax: 089-60608123
www.vfdnet.de

Bundesfachverband für Reiten und Fahren
in Österreich
Geiselbergstraße 26-35/512
A – 1110 Wien
Tel.: 0222-74992610

Schweizerischer Verband für Pferdesport
Peter Häberli
CH – 3000 Bern
Tel.: 031-8198711

FS Test Zentrum Reken
Frankenstr. 37
D – 48734 Reken
Tel.: 02864-2434
Fax: 02864-5860
www.fs-reitzentrum.de

Verband Deutscher Landwirtschaftlicher Untersuchungs-
und Forschungsanstalten
Bismarckstraße 41 a
D – 64293 Darmstadt
Tel.: 06151-26485

Bodenanalyselabor
Dr. Fritz Balzer
Oberer Ellenberg
D – 67283 Amönau
Tel.: 06423-7483

ZUM WEITERLESEN

BENDER, INGOLF: Praxishandbuch Pferdehaltung
Haltungsanlagen optimal geplant, Stuttgart 1999
BENDER, INGOLF: Praxishandbuch Pferdefütterung
Individuell und leistungsgerecht füttern, Stuttgart 2000
GAWANI PONY BOY: Horse, follow closely
Indianisches Pferdetraining, Stuttgart 1999
GOHL, CHRISTIANE: Pferde verstehen
Im Umgang und beim Reiten: Körpersprache richtig deuten, Stuttgart 2001
GOHL, CHRISTIANE: Was der Stallmeister noch wusste
Neue Tipps rund ums Reiten, Stuttgart 2002
HAWCROFT, TIM: Kosmos-Lexikon Pferdekrankheiten, Stuttgart 1997
HOLTAPPEL, ANTJE: Go west – Westernreiten, Stuttgart 2002
HÖLZEL, PETRA: Basispass Pferdekunde
Optimale Prüfungsvorbereitung in Frage und Antwort, Stuttgart 2000
KASPAR, ARMIN: Hufkurs für Reiter, Stuttgart 1999
KÖRBER, HANS-DIETER: Huf, Hufbeschlag, Hufkrankheiten, Stuttgart 1997
PENQUITT, CLAUS: Die neue Freizeitreiter-Akademie, Stuttgart 2001
PENQUITT, NATHALIE: Nathalie Penquitts Pferdeschule
Zauber der Verständigung, Stuttgart 1996
PENQUITT, NATHALIE: Nathalie Penquitts Longierschule, Stuttgart 2002
SCHACHT, CHRISTIAN: Pferdekrankheiten
Vorbeugen, erkennen und richtig handeln, Stuttgart 1999
RASHID, MARC: ... denn Pferde lügen nicht
Neue Wege zu einer vertrauten Mensch-Pferd-Beziehung, Stuttgart 2002
SCHÄFER, MICHAEL: Die Sprache des Pferdes, Stuttgart 1997
SCHÄFER, MICHAEL: Handbuch Pferdebeurteilung, Stuttgart 2000
SCHMID-NEUHAUS, ANGELIKA: Das große Fitnessprogramm für Pferde, Stuttgart 2001
SCHUMACHER, J. / KRÄMER, M.: Die Kosmos-Reitlehre
Erfolgreich im Sattel von Anfang an, Stuttgart 2002
WELZ, HEINZ: Pferdeflüstern kann jeder lernen
Die erfolgreichsten Joining-Techniken Schritt für Schritt, Stuttgart 2002
WITTEK, CORNELIA: Von Apfelessig bis Teebaumöl
Hausmittel und Naturheilkräfte für Pferde, Stuttgart 1999
ZEEB, KLAUS: Die Natur des Pferdes
Beobachtungen eines Verhaltensforschers, Stuttgart 1998
ZOLLER, KIRSTIN: Naturheilkunde für Pferde, Stuttgart 2000

BILDNACHWEIS

Mit 151 Farbfotos von:
Ursula Bender, Kalkar (Umschlaginnenseite), Birgit van Damsen, Marsberg (S. 2/3, 105), Felix von Döring / Kosmos (S. 27, 112), Lothar Lenz / Kosmos (S. 17), Agentur Sorrel, Gaby Kärcher, Ebersbach (S. 4/5, 6, 10/11, 20, 21, 32/33, 35, 36, 55, 74, 80/81, 106 u., 108, 109, 111), Krämer Pferdesport, Hockenheim (S. 33, 103), Heike Patzwall, Blankenburg (S. 7), Christof Salata / Kosmos (S. 12, 16, 26), Horst Streitferdt / Kosmos (S. 37), Ulla Thal, Sonsbeck (S. 54, 57, 58 u., 94 u.).
Alle anderen Fotos (108) von Ingolf Bender, Kalkar.

Die Grafiken im Innenteil erstellte Cornelia Koller, Schierhorn, nach Vorlagen des Verfassers.

Deutsche Vereinigung zum
Schutz des Pferdes e.V.
Wienkamp 11 rechts
46354 Südlohn

IMPRESSUM

Umschlaggestaltung von Atelier Reichert, Stuttgart; Titelfotos von Hans-Jörg Schrenk, Eislingen (großes Motiv) und Erwin Escher, Monheim (kleines Motiv). Foto auf dem Buchrücken von Bernd Schellhammer, Großstadelhofen.

Die Deutsche Bibliothek – CIP-Einheitsaufnahme

Ein Titelsatz für diese Publikation ist bei der Deutschen Bibliothek erhältlich

© 2002, Franckh-Kosmos Verlags-GmbH & Co., Stuttgart
Alle Rechte vorbehalten
ISBN 3-440-09161-9
Redaktion: Katja Metzler
Grundlayout: Friedhelm Steinen-Broo, eStudio Calamar
Herstellung: Kirsten Raue, Claudia Kupferer
Gestaltung / Satz: Atelier Krohmer, Dettingen/Erms
Printed in Germany / Imprimé en Allemagne
Druck und Buchbinder: Westermann Druck Zwickau GmbH, Zwickau

REGISTER

Abfohlboxen 109
Abfohlen 109
Allroundrassen 23
Alternativeinstreu 86f.
Anbindehaltung 40f.
Anbinden 98f.
Anbindestall 40
Anhänger-Führerschein 35
Ankaufsuntersuchung 26f.
Anpassungsfähigkeit 18
Ansatztypen 19
Anschaffungskosten 24
Arbeitserleichterung 73
Artgenossen 46f., 110
artgerecht 29
Atmungstypen 19
Auslauf 31, 52f., 56, 58f., 83, 85, 110
Auslaufbau 56
Auslaufboden 58f.
Auslauffläche 56, 120
Auslaufhaltung 43, 54f.

Baustoff 48
Bedeckung 108f.
Beifütterung 81
Bestrafung 12, 17
Bewegungsbedürfnis 54
Bodenanalyse 97
Boxenhaltung 41f., 74f.
Boxenstall 40

Deckgeld 108
Deckhygiene 109
Domestikation 8
Düngung 97, 121
Durchfall 67, 87

Eigenbewegungsdrang 54
Eigenhaltung 5, 30, 36ff.
Eigentumsurkunde 24f.
Eindecken 102
Einstreuen 88

Einstreumaterial 91, 121
Einzäunung 68
Einzelhaltung 46
Eiweißbedarf 83
Ernährungsansprüche 75
Erste Hilfe 115
E-Zaun 49, 56f., 67f., 71, 96

Fähigkeiten 8f.
Fellpflege 98f.
Fellwechsel 99
Fluchttier 8
Freizeitpferd 18
Führerschein-Klasse B 35
Führerscheinregelung 34
Führerscheinumtausch 34
Futterbedarf 22, 78, 120
Futtermittel 84
Futterselektion 66
Fütterungsbeispiel 87f., 120
Fütterungseinrichtungen 52, 121
Fütterungshäufigkeit 86
Fütterungsplan 83
Fütterungszeiten 85, 87
Futterverwertung 22
Futterzustand 79

Geburtstermin 109
Geburtsvorgang 110f.
Gemeinschaftslaufställe 42
Gespür 10, 11
Grasnarbe 63, 84, 95
Grundfutter 78f., 85
Grundimmunisierung 107, 111, 114
Grünfutter 79, 83, 97
Grünlandflächen 36, 63, 65
Gruppenauslaufhaltung 43f., 53, 56f.
Gruppenhaltung 46f., 60

Haftung 26
Haltergemeinschaft 38
Haltung, geschlossen 40, 44
Haltung, offen 40, 43

Haltungsansprüche 30
Haltungsareal 75
Haltungsform 39, 43 ff., 78
Haltungsgelände 20
Haltungsgrundlage 31, 37
Haltungsmängel 5
Haltungsumstellung 45
Hufbeschaffenheit 119
Hufpflege 118
Hufreheerkrankung 22, 67, 82
Hufschmied 112
Hufschutz 119

Impfungen 114
Instinkt 10

Kapazitätsunterschiede 21
Kaufvertrag 24, 27
Kohlenhydrate 82
Koliken 77, 87, 115
Kolostralmilch 111
Kommunikation 12
Kompostierung 92
Kompostmiete 92, 93
Körperbehaarung 100
Körpersprache 13
Kosten 38
Kot 81, 97
Kraftfutter 79, 81 ff., 85, 88, 120

Laufstall 40
Lebensmittelstatus 25
Leistungen 8
Leitstute 13f.
Liegebereich 42, 89, 90
Lob 16f.
Longierzirkel 56, 122

Mängel 27
Mischbeweidung 96

Naturhaltung 40
Nordpferde 19 ff., 24
Notfall-Apotheke 116
Notfallversorgung 117

Offenstall 31, 40, 43, 45, 50, 53, 110
Offenstallbau 50
Offenstallhaltung 19, 74f.

Pacht 36
Pachtgebäude 49
Paddock 43, 47, 49, 52, 58, 81
Parasiten 81, 93, 97, 112
PAT-Werte 117
Pensionshaltung 5, 37f.
Pensionspreis 37
Personenschleuse 71
Pferdekauf 22, 26
Pferdemist 92
Pferdepass 24f.
Pferdetransport 32
Pflegemaßnahmen 103
Ponys 21, 45
Portionsweide 67

Rangordnung 14
Rasse 20, 106
Raufutter 57, 82, 120
Reitleistung 79
Reitplatz 56, 122
Reitsportarten 22f.
Respekt 13, 15
Rosse 107f., 122
Ruheverhalten 89

Sachkunde-Nachweis 29, 36, 76
Sand 60f.
Sättigungsgefühl 77
Scheren 100f.
Scheuen 17
Schlafen 89
Schleuse 56, 69
Schweiß 100f.
Sicherheitsbedürfnis 11
Sinne 10, 13
Sozialkontakte 41f., 47, 52
Sozialstruktur 13
Spänemist 94
Sportpferd 18

Stacheldrahteinzäunungen 71
Stallbaulösungen 47
Stallbauten 47f.
Stallboden 88
Ställe, geschlossene 46
Ställe, offene 46
Stall-Einzelhaltung 39
Stallfütterung 77, 80
Stallhaltung 40, 111, 114
Stallplanung 39, 120
Stallzelte 50
Standort 30f.
Standweide 66
Strafe 16f.
Stroheinstreu 48, 86 ff.
Südpferde 19f., 22, 24

Tasthaare 100
Temperament 20
Thermoregulationsvermögen 18
Tierarzt 25, 31, 107, 110 ff., 116f.
Tierarzthonorare 112
Tierheilpraktiker 112, 117
Tore 69, 70, 71
Trampelkoppeln 84
Tränkeinrichtungen 52
Transportanhänger 33
Tretschicht 58, 60 ff.

Überbeweidung 67
Umtriebsweide 67
Unterbringung 39
Untugenden 87

Vegetarier 75
Verständigung 15
Verständigungsprobleme 37
Verstärkung 16, 17
Vor-Auslauf 56f.

Wasser 76
Weideführung 66f.
Weidefütterung 80, 83
Weidegang 66f., 80 ff., 111

Weidehalfter 95
Weidehaltung 114
Weideland 66, 121
Weiden 63, 65, 68, 80
Weideschonung 96
Weideschutzhütte 53
Weideunterstand 81
Wiesen 63f.
Wilderbe 6, 8, 19
Wildpferd 6, 7
Wurmkur 111, 114

Zahnmängel 87
Zaunhöhe 68
Zaunsystem 68
Zeitaufwand 74
Züchten 105, 122
Zuchtpferde 106f.
Zugfahrzeug 33
Zusatzfuttermittel 85